JN496205

<그리스도인이면 꼭 알아야 할 성경 지식>

갈라디아서

하나님의 은혜와 성도의 믿음

서울솔로몬학교 성경연수원

차 례

이 책에 인용된 성경 구절은 〈한글킹제임스성경〉입니다.

제1과

다른 복음을 전하면 저주를 받으리라(1장)

『그러나 우리뿐만 아니라 하늘에서 온 천사라도 우리가 너희에게 전한 것 외에 어떤 다른 복음을 전한다면 그는 저주를 받으리라』(갈 1:8).

갈라디아서와 마틴 루터

"갈라디아서"는 로마서와 짝을 이룰 만큼 그 주제가 로마서와 매우 흡사하다. 즉 "행위"가 아닌 "믿음"으로 의롭게 된다는 신약의 구원 교리를 올바르게 제시함으로써, 로마서와 더불어 교회 시대의 교리를 정립시켜 주는 아주 중요한 책인 것이다.

다만 로마서와 차이가 있다면, "로마서"가 "현 교회 시대에는 죄인들이 율법의 행위 없이 믿음으로 의로워지고, 여기에는 유대인과 이방인 사이에 어떠한 차이도 없다는 사실"을 강조하는 반면, "갈라디아서"는 "구원받은 이후에도 율법의 행위 없이 믿음으로 그 구원이 유지되며, 행위로 구원을 유지할 필요가 없다는 사실"을 강조하고 있다는 것이다.

로마서는 사도행전 15:1의 이단 교리(행위를 통해 구원을 받음)를 반박하고 있고, 갈라디아서는 사도행전 15:5의 이단 교리(행위를 통해 구원을 유지함)를 성경적으로 반박하고 있다. 즉 구원에는 어떤 행위의 요소도 개입될 수 없다는 것이다.

종교 개혁자 "마틴 루터"는 성경 66권 중에서 로마서와 갈라디아서를 가장 좋아했는데, 그는 갈라디아서를 아내(캐서린)의 애칭인 "캐시"라고 부르기도 했다. 그만큼 갈라디아서를 자기 아내 대하듯이 친숙하게 대한 것이다.

갈라디아서 개요

1. 갈라디아서[1]의 "기록 연대 및 저자와 수신자"

갈라디아서는 A.D. 52,53년경 "예루살렘 회의"(행 15장, 갈 1,2장) 이후에 "**사도 바울**"(1절)이 "**갈라디아의 교회들**"(2절), 곧 갈라디아 지역에 있는 모든 "**지역 교회들**"을 향해 기록한 서신이다.

2. 갈라디아서의 "기록 목적"

율법의 행위를 섞어서 구원의 은혜를 제한하거나 파괴하는 일로부터 **"하나님의 은혜의 복음"(행 20:24)을 지키기 위해** 기록했다. 특히 유대주의자들의 거짓 교리에 미혹된 갈라디아의 교회들이 범하고 있는 **두 가지 형태의 오류, 즉 ❶ 율법의 "행위를 통해 구원을 받아야 한다"는 거짓 교리와 ❷ 율법의 "행위를 통해 구원을 유지해야 한다"는 거짓 교리를 바로잡기 위해** 기록했다.

또한 사도 바울은 유대주의자들에 의해 의심받은 **바울의 사도직을 변호하기 위해** 기록했다(1절). 사도 바울의 "**사도직의 출처와 근원**"은 "**사람들**"로부터 나온 것이 아니라 예수 그리스도와 하나님 아버지에게서 나온 직분으로서(1절), "**하나님의 직접적인 계시**"에 의해 주어졌다(갈 1:15, 행 9:15). 사도 바울의 "**사도직의 수단과 도움**" 역시 "**사람들**"에 의한 것이 아니라 예수 그리스도와 하나

---

1) "**갈라디아**"(Galatia)란 말은 "**골(Gaul) 사람들의 땅**"(골 사람들이 사는 지방)이란 뜻인데, 골(갈리아) 사람들은 켈트족에서 나왔다. 본래 "**골(갈리아) 사람들**"은 프랑스에 살았던 사람들이지만, 성경 시대에 "**골**"은 프랑스가 아니라 소아시아 지역을 가리킨다. 그래서 성경 시대의 갈라디아는 소아시아 북부 지역(행 16:6, 벧전 1:1)에 해당한다.

님 아버지에 의하여 이루어졌다(갈 1:16,17).

사도 바울이 그렇게 "사도적인 권위"를 강조한 이유는 무엇인가? 사도 바울의 사역의 권위를 실추시키고, 사도적인 권위나 사도직을 인정하지도 않으며, 그를 거짓되게 비방하고, 그에게 부여된 영적 권위를 무시하고 증거의 무게를 격하시키는 자들을 향하여, 그것을 변호하기 위해 자신의 사도직을 강조하고 역설했던 것인데, 무려 1장과 2장, "두 장"이나 할애하고 있다(갈 1:11-2:14). 사도 바울은 그를 사도로 부르신 하나님의 부르심을 확신하고 있다(갈 1:1). **그러나 그의 사도적 권위가 무너지면 은혜의 복음을 떠나 율법으로 돌아가고자 했던 어리석은 갈라디아인들을 바로잡는 데 있어서 그 증거의 무게는 약해질 수밖에 없다.**

3. 갈라디아서의 "주제"

갈라디아서의 주제는 "**구원받을 때 믿음으로 의로워지고, 그 의는 믿음에 의해 유지된다.**"이다. 즉 구원받았을 때뿐만 아니라 구원받은 이후에도 필요한 것은 행위의 율법이 아닌 **하나님의 은혜에 따른 믿음인 것이다.**

■ 새롭게 깨달았거나 적용할 내용이 있다면 적어 보세요. ■

서로 다른 "일곱 가지 복음"

1. 성경에 나오는 서로 다른 "일곱 가지 복음"

1) "사복음서"를 통해 증거된 예수 그리스도의 복음(막 1:1)

(1) "마태복음" : "왕으로 오신 예수 그리스도"를 증거하는 복음이다.

(2) "마가복음" : "종으로 오신 예수 그리스도"를 증거하는 복음이다.

(3) "누가복음" : "인자로 오신 예수 그리스도"를 증거하는 복음이다.

(4) "요한복음" : "하나님의 아들이신 예수 그리스도"를 증거하는 복음이다.

2) "아브라함에 따른 복음" - 이방인들이 믿음으로 말미암아 의롭게 될 것을 "예표적으로" 보여 준 복음이다. 『**성경은 하나님께서 이방인들을 믿음으로 말미암아 의롭게 하실 것을 미리 보고 먼저 아브라함에게 복음을 전파하기를 "네 안에서 모든 민족이 복을 받으리라."고 하였느니라**』(갈 3:8).

3) "여호수아와 갈렙에 따른 복음"(민 13,14장, 히 3,4장) - "전쟁 승리의 복음"으로서, 하나님께서 함께하시기에 하나님을 신뢰하고 카나안 땅으로 들어가면 그 땅의 거민을 쫓아내고 그 땅을 정복할 수 있음을 증거하는 복음이다.

4) "천국 복음"(왕국 복음, 마 3:2; 4:17; 10:5-8; 24:14, 사 52:7) - "천국 복음"은 왕이신 하나님께서 통치하시는(사 52:7) 천국이 가까이 왔으니(마 10:7), 회개하고(마 3:2; 4:17) 왕이신 메시아(그리스도)를 신뢰하고 받아들일 것을 증거하는 복음이다. 이 복음은 "유대인에게만" 해당하는 복음이다. 『**예수께서 이 열둘을 보내시면서 그들에게 명령하여 말씀하시기를 "이방인들의 길로도 가지 말고, 또 사마리아인의 성읍에도 들어가지 말고, 다만 이스라엘 집의 잃어버린 양에게로 가라**』(마 10:5,6).

"천국 복음"은 "표적들과 기적들"이 수반되는데(마 10:7,8), 이러한 것들은 예수 그리스도께서 왕(메시아)이심을 증명하고 왕국 복음이 옳다는 것을 보여주는 도구이다. 이 복음은 "**왕국이 임하기 직전**"의 기간인 "초림 때"와 "환란 시대"에 전파된다.

5) "**하나님의 나라의 복음**"(막 1:14, 눅 8:1; 9:1-6) - 때가 찼고 하나님의 나라가 가까이 왔으니, 회개하고 복음을 믿으라고 증거하는 복음이며, "**표적과 기적들**"이 수반된다(눅 9:2).

6) "**하나님의 은혜의 복음**"(행 20:24) - "**하나님의 은혜의 복음**"은 인류의 죄들을 제거하시기 위해(요 1:29) "**십자가에 피를 흘려 죽으시고 장사되셨다가 3일 만에 부활하신 예수 그리스도**"를 믿으라고(고전 15:2-4, 롬 10:9,10,13) 증거하는 복음이다. 이 복음은 "**유대인과 이방인 모두**"에게 전파된다(롬 1:16). 이 복음에는 "**표적과 기적들**"이 수반되지 않는다. 이는 교회 시대가 표적을 보고 믿는 시대가 아니기 때문이다(요 20:29, 벧전 1:8,9).

"**하나님의 은혜의 복음**"은 오순절 날 성령께서 오셔서(행 2:1-4) 교회가 시작된 이래로 교회가 휴거될 때까지의(고전 15:51-54, 살전 4:13-18) 기간인 "**교회 시대**"에 전파된다. 이 복음은 "**하나님의 복음**"(롬 1:1; 15:16, 고후 11:7, 살전 2:2,8,9), "**그리스도의 복음**"(롬 1:16; 15:19,29, 고전 9:12,18, 고후 2:12; 9:13; 10:14, 갈 1:7, 빌 1:27, 살전 3:2), "**주 예수 그리스도의 복음**"(살후 1:8), "**화평의 복음**"(롬 10:15, 엡 6:15), "**나(바울)의 복음**"(롬 2:16; 16:25, 딤후 2:8), "**영광스러운 복음**"(고후 4:4, 딤전 1:11)으로도 불린다.

"하나님의 은혜의 복음"과 연관된 "영광스러운 복음"은 장차 그리스도의 몸 된 교회가 받을 영광스러운 소망을 다루고 있으며, "복된 소망이신 예수 그리스도의 공중 재림"에 초점을 맞추고 있다.

7) "**영원한 복음**"(계 14:6,7) - "**영원한 복음**"은 "**창조주이시고 심판주이신 주**

하나님"을 두려워하며 그분께 영광을 돌리고 경배를 드리라고(7절) 증거하는 복음이다. 이 복음은 "**환란 시대 끝**"에 사람들이 아닌 "**천사**"가 "**이방인**"에게 전파한다(6절).

"하나님의 은혜의 복음"(4,5,10-24절)

이상의 "일곱 가지 복음" 중에서 교회 시대에 전파되어야 할 복음은 "하나님의 은혜의 복음"이다. 바울이 전한 "하나님의 은혜의 복음"(행 20:24)에 대해 알아보자.

1. 하나님의 은혜의 복음의 핵심 내용(4,5절)

하나님의 은혜의 복음의 핵심 내용은 ❶ 예수 그리스도께서 인류의 죄에 대해 속죄하시기 위하여 친히 자산을 내어주셨다. 『**주께서는 우리의 죄들로 인하여 자신을 주셨으니**』(4절, 고전 15:3). ❷ "악한 현 세상"에서 우리를 구원하셨다. 『**이는 하나님, 곧 우리 아버지의 뜻에 따라 이 악한 현 세상에서 우리를 구원하시려 함이라**』(4절).

▪ 악한 현 세상 ▪

성경은 세상을 "악한 현 세상"이라고 규정함으로써 세상에 대해 매우 "부정적인 입장"을 취하고 있다. 사실 이러한 강한 부정이 없이는 강한 긍정이 있을 수 없다. 즉 자신이 지옥에 갈 수밖에 없는 죄인이라고 자신에 대해 부정적으로 생각하지 않는 사람은 결코 구원받을 수 없는 것이다. 이 세상에 대해 부정적으로 생각하지 않는 사람이 어떻게 저 위 하늘에 있는 것들을 바라볼 수 있겠는가? 이 세상에 대해 부정적으로 생각하지 않는 사람은 결코 이 땅에서 영광스러운 순례자의 삶을 살 수 없을 뿐만 아니라 하나님의 풍성한 위로도 받을 수 없다.

2. 바울이 하나님으로부터 직접 계시를 받은 은혜의 복음(10-24절)

바울은 사람들을 기쁘게 하는 사람들의 종이 아니라 하나님을 기쁘시게 해 드리는 "그리스도의 종"이었다(10절, cf. 눅 16:15, 잠 29:25).

사도 바울은 진리의 말씀을 전하면서 죄와 어두움의 일들을 책망할 때 "청중의 귀를 거스르게 하지는 않을까?" 하고 노심초사하지 않았다. 특히 갈라디아 성도들을 책망하면서 "혹시라도 그들이 상처를 받지는 않을까?" 하고 염려하지 않았다. "설교자"로서, 예레미야는 노골적이었고(렘 23장), 미가야는 잔인했으며(왕상 22장), 아모스는 직설적이었고(암 7:14-17), 베드로는 사나웠으며(행 5:3-9), 스데반은 난폭했고(행 7:48-53), 엘리야는 지독했다(왕상 18:27). 이들 중 어느 누구도 사람들의 기분을 맞추기 위해 노력하지 않았다. 행위를 숭배하려고 노력하는 자들과 육신적이고 세상적인 설교자들만이 사람들을 기쁘게 하려고 한다.

바울은 "그리스도의 종"으로서 그가 전파한 복음을 "예수 그리스도의 계시"

를 통해 받았다(11,12절). 예수 그리스도께서는 바울에게 계시하실 때, 먼저 "<u>그분 자신</u>"을 계시하셨는데(16절), 이 일은 바울이 다마스커스로 가던 길에 일어났다(행 9:1-9). 예수 그리스도께서는 바울이 예수 그리스도를 믿고 회심한 이후에도 그분 자신을 "여러 가지 방법"(고후 12:1-4)으로 "여러 경우"(행 26:16)에 "여러 가지 수단"(행 27:23)으로 계시하셨는데, 그중 한 경우에 "<u>하나님의 은혜의 복음</u>"이 계시되었다. **『나는 그것을 사람에게서 받지도 않았고 배우지도 않았으며 오직 예수 그리스도의 계시를 통하여 된 것이라』**(12절).

<u>바울이 "복음"을 예수 그리스도의 계시를 통해 받았다는 "확실한 증거"는 다음과 같이 제시할 수 있다</u>(13-24절).

❶ 바울은 "구원받기 전에" 유대교에 소속되어 열성적으로 조상들의 전통을 지켰고, 유대교를 믿는 일에 앞장서서 "<u>하나님의 교회를 몹시 박해했다</u>"(13,14절).

❷ 하나님께서는 그리스도인들을 잡아서 데려오기 위해 다마스커스로 가던 바울을 그분의 은혜로 부르셨고(15절), 바울은 그 부르심에 응답하여 예수 그리스도를 마음으로 믿었다. 그리고 그는 떨면서 주님께 이렇게 물었다. **『주여, 내가 어떻게 하기를 원하시나이까?』**(행 9:6) <u>이 순간에 바울의 구원이 이루어진 것이 분명한데</u>, 이는 성경이 **『누구든지 주의 이름을 부르는 자는 구원을 받으리라. 그런즉 그들이 믿지 아니한 이를 어찌 부르리요?』**(롬 10:13,14)라고 말씀하기 때문이다.

❸ 바울이 구원받았을 때야 비로소 하나님께서는 바울 안에 그분의 아들을 계시하시기를 기뻐하셨고(16절), 바울을 선별하신(15절) 하나님께서는 그때가 되어서야 비로소 그에게 이방 가운데 예수 그리스도의 복음을 전파하는 사역을 맡기셨다.

❹ 바울은 혈과 육에 의논하지 않았고, <u>오직 부활하신 예수 그리스도와만 의논했는데</u>, 이는 그가 자신을 가르친 "가말리엘"(행 22:3)과 의논하기 위해 고향으로 가지 않았고, 또한 그보다 먼저 사도가 된 제자들을 만나려고 예루살렘으

로 올라가지 않았다는 사실을 통해 분명해진다(17절).

❺ 바울은 회심 이후에 곧바로 "**아라비아**"로 갔고(17절, 행 9:19a), 40일 동안 시내 산에 머물면서(출 34:28, 왕상 19:8, 눅 4:2, 마 4:1-3, 계 11:1-8, 갈 4:24,25) **하나님으로부터 은혜의 복음과 교회의 경륜에 관한 계시를 받았다**.

❻ 바울은 아라비아에서 다시 "**다마스커스**"로 돌아와서(행 9:19b) 담대하게 예수 그리스도를 증거했고(행 9:20-22), 그 후 "**3년이 지난 후에**"(18절, 행 9:26, 왕상 2:38,39; 18:1) "**예루살렘**"으로 올라가서 베드로와 예수 그리스도의 아우인 야고보를 만나 15일간을 지냈다(18,19절).

❼ 그 후에 바울은 시리아와 킬리키아 지방으로 갔고(21절, 행 9:30) 나중에 바나바와 함께 시리아 안티옥으로 오게 된다(행 11:25,26). 바울이 회심한 이후에 밟았던 일련의 여정을 감안해 볼 때, **바울이 전파한 복음은 결코 "사람들"에게서 비롯된 것이 아니라는 사실이 더욱 분명해진다**. 혹이라도 있을지 모를 "모든 의문"을 바울은 이렇게 일축한다. 『**보라, 이제 내가 너희에게 쓰는 것은 하나님 앞에서 거짓말을 하는 것이 아니니라**』(20절).

"다른 복음"을 전파하는 것에 관한 경고(6-9절)

1. 지금 "하나님의 은혜의 복음" 외에 "다른 복음"은 없다(7절).

갈라디아의 교회들 안에는 "유대주의자들의 누룩"(갈 5:9), 곧 "율법의 행위에 따른 구원"의 "거짓 교리"가 스며들어 와 성도들을 미혹함으로써(갈 3:1-5) 온 반죽을 부풀게 하고 있었다(갈 5:9). 『**나는 너희가 그리스도의 은혜 안으로 너희를 부르신 분으로부터 그렇게 빨리 떠나 다른 복음을 따르게 됨을 이상히**

여기노라』(6절).

"하나님의 은혜의 복음"으로 구원받은 사람이 그 은혜로부터 빨리 떠나 버리는 것은 참으로 이상한 일이다. 진리를 알았고 공부했고 깨달았다고 하는 사람이 진리로부터 그렇게 빨리 떠나 버리는 것은 참으로 이해할 수 없는 일이다. 성경대로 믿는 사람으로서 함께 거리 설교도 하고 구령도 하고 경배도 드렸던 사람들이 참된 교회로부터 그렇게 빨리 떠나 버리는 것은 참으로 이상한 일이다. 이처럼 갓 구원받은 그리스도인들이 빠르게 성장하지 못하고 오히려 빠르게 떠나 버리는 이유는 무엇인가? 첫째, "사탄의 공격"(갈 2:4)이 있기 때문이고, 둘째, "악한 현 세상의 영향"(갈 1:4) 때문이다. 사도 바울은 고린도 교회의 성도들을 향해서도 이와 비슷한 마음을 토로했었다(고후 11:4).

"**다른 복음**"(another gospel, cf. 고후 11:4)이란, 하나님의 경륜에 따라 시대별로 죄인들이 구원받을 수 있도록 "**전파하라고 하나님께서 허락하신 복음과는 다른 내용의 복음**"을 가리킨다. "다른 복음"은 성도들을 교란하는 자들이 변개시킨 복음이다(7절).

2. "다른 복음"을 전파하면 저주를 받게 된다(8,9절).

"교회 시대"에 전파해야 할 복음은 "하나님의 은혜의 복음"이며, 만일 이 시대에 그 누구라도 이 복음과 "다른 복음"을 전파하면 그는 저주를 받게 된다. 곧 지옥에 가게 되는 것이다. **『그러나 우리뿐만 아니라 하늘에서 온 천사라도 우리가 너희에게 전한 것 외에 어떤 다른 복음을 전한다면 그는 저주를 받으리라... 누구든지 너희가 받은 것 외에 어떤 다른 복음을 전한다면 그는 저주를**

받으리라』(8,9절).

"복음"이라 해서 무조건 다 좋다고 전해서는 안 된다. 교회 시대에 우리가 전파할 복음은 오직 "예수 그리스도의 복음," 즉 "하나님의 은혜의 복음"이다.

우리는 모두 죄인들로서 죄들로 인해 죽어 지옥에 갈 수밖에 없는 존재들인데, 하나님의 아들이신 예수 그리스도께서 우리를 위해 십자가에서 피 흘려 죽으시고 다시 살아나심으로써 우리의 모든 죄를 용서하시고 우리를 영원한 지옥의 형벌에서 구원해 주셨다. 이 사실을 믿고 받아들이기만 하면 우리의 행위가 아닌 오직 믿음과 하나님의 은혜로 구원받을 수 있다. 이것이 바로 "하나님의 은혜의 복음"이다. 이 은혜의 복음으로 구원받은 성도들은 모두 이 복음을 전파함으로써 죄 가운데 지옥으로 돌진하는 어리석은 죄인들을 구령해야 한다.

그러나 한 가지 더 명심할 것이 있으니, 곧 이 은혜의 복음을 전파할 수 있는 때가 얼마 남지 않았다는 사실이다. 문이 마냥 열려 있을 것이라고 생각하지 말라! 구원받은 성도가 복음을 전파할 기회이든지, 지옥으로 던져질 죄인이 복음을 믿고 구원받을 기회이든지, 때가 되면 그 문은 닫히게 되어 있다. 『**집주인이 일어나서 문을 닫으리니**』(눅 13:25). 시간이 얼마 남지 않았다! 죄인들이여, 문이 완전히 닫히기 전에 서둘러서 예수 그리스도를 영접하라. 거듭난 그리스도인들이여, 마지막 기회마저 사라지기 전에 주님께서 열어 주신 문으로 들어가 신실하게 복음을 전파하라. 문이 닫힐 때는 후회해도 소용이 없다. 주 하나님께서 우리를 본향으로 부르실 그날까지 우리를 위해 열어 놓으신 문이 무엇이든지 간에(고난과 박해가 있다 해도) 그 안으로 들어가서 주님께서 우리에게 명령하신 과업을 수행해야 한다.

주님께서 우리 엉덩이를 발로 차서 억지로 그 문 안으로 우리를 밀어 넣어 주시기를 기다리지 말고, 자원하는 마음으로 들어가 주님께서 지시하신 일을 신실하게 수행해야 하는 것이다.

■ 새롭게 깨달았거나 적용할 내용이 있다면 적어 보세요. ■

제1과
복습문제

1. 교회 시대에 그리스도인들이 전파해야 할 복음은 (   )이다.

2. 성경에 나오는 "복음"은 모두 "기쁜 소식"이고 "좋은 소식"이므로, 그 내용이 무엇이든지 간에 시대와 대상을 가리지 않고 전해도 된다. (O , X)

3. 성도들이 기둥같이 여기는 베드로가 바울에게 전해 준 말씀이, 바울이 전파한 "복음"의 내용에 상당 부분 많은 기여를 했다. (O , X)

4. 『누구든지 주의 이름을 부르는 자는 (   )을 받으리라. 그런즉 그들이 믿지 아니한 이를 어찌 부르리요?』(롬 10:13,14)

5. 『(   )은 없나니 다만 너희를 교란시키는 어떤 사람들이 있어서 그들이 그리스도의 복음을 변개시키려는 것이라』(갈 1:7).

6. 『그러나 우리뿐만 아니라 하늘에서 온 천사라도 우리가 너희에게 전한 것 외에 어떤 다른 복음을 전한다면 그는 저주를 받으리라』(갈 1:8). 이 구절에서 "저주"는 "지옥에 가는 것"을 의미한다. (O , X)

■ 복습 문제의 정답은 홈페이지(www.solomonbtc.org)에서 확인할 수 있습니다.

NOTES

NOTES

제2과
베드로가 바울에게 면박을 당한 이유(2장)

『사람이 율법의 행위로 의롭게 되는 것이 아니요, 예수 그리스도를 믿음으로 인하여 되는 줄 알고 우리도 예수 그리스도를 믿었나니, 이는 우리가 율법의 행위로써가 아니라 그리스도를 믿음으로 인하여 의로워지고자 함이라. 이는 율법의 행위로는 아무 육체도 의롭게 될 수 없음이라』(갈 2:16).

성경대로 믿는 신앙의 기초

"신앙"이란 자신이 믿고 있는 바에 따라 행동하는 것을 말한다. 그러므로 우리가 예수 그리스도를 믿는 신앙을 가진다는 것은, 하나님께서 성경에 기록하신 그대로 예수 그리스도를 믿고 따른다는 것을 의미한다.

이것은 예수 그리스도를 자신의 구세주로 믿고 받아들이는 것을 말하며, 곧 믿음으로 그분을 영접하고 자신의 죄의 용서와 구속을 위해 오직 그분께서 흘리신 피 외에 다른 것을 신뢰하지 않는 것을 말한다. 이 말의 의미는, 여기에 다른 것이 개입된다면 그것은 성경대로 믿는 신앙이 아니라는 것이다.

어떤 찬송가 작사자는 이렇게 말했다. "나의 소망은 오직 예수 그리스도의 보혈과 의에 세워졌다네. 굳건한 반석이신 예수 그리스도 위에 내가 서 있네. 다른 모든 기초는 가라앉는 모래일 뿐이네." 바로 이것이 우리의 신앙과 믿음의 핵심이다. 이 믿음에는 유대인과 이방인의 차이가 없다(롬 3:22; 10:12,13).

하나님께서는 이 사실을 사도행전 10장의 코넬료의 사건을 통해 베드로에게 분명하게 가르쳐 주셨다. 그리고 그는 예루살렘 회의에서 이것에 관해 분명하게 규명해 준다. **『우리는 주 예수 그리스도의 은혜로 구원받는 것을 믿으며 그들도 마찬가지니라』**(행 15:11).

"은혜의 복음"이 직면한 위기들

1. 그리스도인의 자유를 노리는 거짓 형제들(1-10절)

본문의 배경은 사도행전 15장이다. 유대에서 내려온 어떤 사람들이 예수 그리스도를 믿은 이방인들에게 "**모세의 율례에 따라 할례를 받지 않으면 구원을 받을 수 없다**."라고 주장하며 가르치는 자들이 있어서, 이 문제를 명확히 규명하고자 사도 바울은 바나바와 함께 헬라인 디도(3절)를 대동하고 예루살렘으로 올라갔다(행 15:1-6).

이 문제는 "**예루살렘 회의의 논의 주제**"였다. 유대인이나 이방인이나 율법의 행위가 아닌 복음의 말씀을 듣고 믿음으로써 구원을 받게 되는 것이라고 만장일치의 결정이 내려졌다. 이로써 구원에 관련된 행위의 문제가 공식적으로 해결되었다(행 15:11,20,23,24,28,29).

구원에 관한 한 오늘날의 감리교, 제칠일 안식교, 여호와의 증인, 신흥 사이비 집단들과 불교, 유교, 이슬람교, 도교, 로마카톨릭 등 모든 종교가 같은 교리를 가르치고 있다. 즉 "**구원받기 위해서 당신은 무엇인가 해야만 한다**."와 "**구원을 유지하기 위해서 당신은 무엇인가 해야만 한다**."는 식의 교리를 공통으로 가르치는 것이다.

지역 교회로 들어와 디도에게 할례를 받도록 압력을 가했던 거짓 형제들이 오늘날 우리들 곁에도 여전히 존재하고 있다. 이들은 마태복음 24:13, 베드로후서 2:22, 사도행전 2:38 등을 교회에 적용했던 자들의 후예인 것이다.

사도 바울은 그리스도인들에게 구원받은 후에 해야 할 일들에 관해서 충고하였으나(엡 5,6장, 골 3,4장, 빌 4장, 고전 1-14장 등), 단 한 번도 복음의 진리를 행위와 연관시키지 않았다. **거짓 형제들의 압력에 굴복하여 디도에게 할**

례를 받게 하였다면 갈라디아 교회들의 회심자들의 믿음은 물론 사도 바울의 전체 사역이 무너지게 되었을 것이다(고전 1:17). 참고로 사도행전 16:3에서 사도 바울은 할례와 그리스도인의 관계에 관하여 자신이 갈라디아서에서 기록한 것과는 정반대로 디모데에게 할례를 주었는데, 이것은 그 지역에 사는 믿지 않는 유대인들에게 복음을 효과적으로 증거하기 위해서였다(롬 14:7,8,13,16).

베드로, 요한, 야고보가 할례자들에게 전한 복음(7,9절)은 사도행전 2:38과 야고보서 2장이 아니다. 이것은 갈라디아서의 배경이 되는 사도행전 15장에서 이미 확정되었으며 사도 바울에 의해 이방인에게 전파된 "은혜의 복음"과 동일한 복음이다.

2. 베드로가 바울에게 면박을 당한 이유(11-14절)

본문의 배경은 사도행전 15:35이며 구원과 관련된 행위의 문제는 이미 완전히 해결된 상태이다.

예루살렘 회의가 있기 몇 년 전에 안티옥에는 이미 그리스도인들이 있었고(행 11:26), 그들이 이방인들을 대상으로 사역을 펼치기도 했다(행 13,14장). 이처럼 안티옥은 성경적인 기독교 중심의 도시가 되어 가고 있었다.

베드로는 이방인 코넬료에게 갔던 일로 인해 유대인들로부터 위협을 당한 적이 있었다. 당시 그는 그 일에 대한 자초지종을 설명해야 했었다(행 11:1-18). 그런데 안티옥 교회에 가서 그리스도 안의 형제들과 교제 중이었던 베드로는 사람을 두려워하여 덫에 걸리게 된다(잠 29:25). 베드로의 위선적인 행동은 그의 믿음을 부정하는 행동이었다(행 11:17; 15:9).

베드로의 이와 같은 행동은 심지어 "선한 사람이요, 성령과 믿음이 충만한 사람"이라고 평가를 받았던(행 11:24) 바나바까지도 똑같은 위선으로 몰아넣었다(13절, 갈 3:27, 골 3:11).

『거기에는 헬라인이나 유대인이나, 할례자나 무할례자나, 야만인이나 스쿠디아인이나, 종이나 자유인이 없고 오직 그리스도만이 모든 것이요, 또 모든 것 안에 계시니라』(골 3:11).

그리스도인의 모순된 행동은 자기 자신은 물론 주변의 다른 그리스도인들에게도 반드시 나쁜 영향을 준다(마 23:3, 롬 2:21-23, 딤전 4:12, 딛 2:7).

율법의 행위로는 의롭게 될 수 없다(15-21절)

1. 차별이 없는 은혜의 복음(15절)

"**유대인들**"은 "**양자됨**," "**영광**," "**언약들**," "**율법과 십계명**," "**하나님을 섬김**" 등과 같은 특권을 하나님으로부터 부여받은 택함을 받은 민족이다. 하나님과 무관한 "**이방의 죄인들**"과는 분명하게 구분되는 민족이다(롬 9:4,5).

『그들은 이스라엘인들이라. 그들에게는 양자 됨과 영광과 언약들과 율법을 주심과 하나님을 섬김과 약속들이 있고 조상들도 그들의 조상이며 육신으로는 그리스도께서 그들에게서 나셨으니 그는 만물 위에 계셔서 영원히 송축받으실 하나님이시라. 아멘』(롬 9:4,5).

사도 바울은 다른 복음에 미혹되고 있는 갈라디아 사람들에게 하나님께서 그런 유대인과 이방인인 갈라디아 사람을 다루는 것에 있어서 차이를 두지 않으신다는 것을 다시 한번 분명하게 설명하고 있다(1:6, 2:15,16).

2. 율법의 행위로는 아무 육체도 의롭게 될 수 없다(16-21절)

16절은 유럽을 일시적으로 로마카톨릭의 독재로부터 벗어나게 했던 종교개혁의 핵심 구절 중 하나이다. 이 구절은 다음의 사실들을 보여 준다. ❶ 사람들을 다루심에 있어서 경륜적인 변화가 생겼다(롬 15:16). ❷ 사람은 더 이상 "자신의 의롭게 됨"에 아무런 영향도 끼치지 못한다(3:11, 롬 3:20). 하나님께서는 율법에 순종하는 것을 더 이상 개인의 의의 근거로 삼지 않으신다. ❸ 의롭게 됨은 순간적인 일이며 하나님께서 하시는 일이다(3:8). ❹ 이것은 "자신의 의" 대신에 "하나님의 의"를 받아들이는 믿음을 통해 얻을 수 있다(롬 10:1-5).

하나님께서 예수 그리스도를 통하여 유대인과 이방인을 의롭게 하신 후, 그 유대인을 한때 이방의 죄인이라고 불렀던 이방인 그리스도인과의 교제의 자리에 데려가신다고 해서 그리스도께서 죄의 일꾼이 되시는 것은 아니다. 그러나 율법의 행위가 아니라 믿음으로 의롭게 된 구원받은 하나님의 자녀가 구원과 관련하여 다시 행위로 돌이키거나 베드로가 했던 것처럼 의롭게 되는 것이 어떤 행위와 연관이 있는 것처럼 암시를 준다면, 이것은 죄인으로서 다시 율법 아래로 들어가 행위로 하늘에 가려고 노력하는 것과 다를 바 없다(17,18절, 롬 4:5; 3:26-28).

『행함이 없어도 불경건한 자를 의롭다 하시는 그분을 믿는 사람에게는 그의 믿음이 의로 여겨지느니라』(롬 4:5).

율법은 한 사람의 죄를 살아나게 하고 그 사람은 죽게 만든다(롬 7:8,9). 그래서 허물과 죄 가운데 죽었다고 공식적으로 선언한다(엡 2:1-5). 한 죄인이 그리스도를 영접할 때, 죽었던 그의 영은 살아나지만, 십자가에서 죽은 몸은 여전히 살아 움직인다(롬 6:1-9). 혼은 예수 그리스도와 혼인하고, 그리스도와 한 영이 되기 위해 육신으로부터 갈라져 분리된다(고전 6:17, 롬 7:1-4). 하늘나라에 갈 때까지 그리스도인은 여전히 육신을 입고 있다. 하지만 그리스도인은 율법을 주장할 수 없고, 율법도 그리스도인에 대해 마찬가지이다. 그리스도 안에 있는 생명의 성령의 법이 그리스도인을 죄와 사망의 법에서 해방시킨 것이다(롬 8:2).

구원받는 순간 지금까지 내가 어떤 삶을 살아왔고, 어떤 죄의 빚을 지었었는지는 전혀 문제가 되지 않는다. 내가 구원받는 순간 나의 삶 전체가 예수 그리스도의 삶으로 뒤바뀌기 때문에 나의 모든 채무는 말끔히 사라져 버렸다. 예전의 나의 삶은 지금 그리스도와 함께 십자가에 못 박혀 있고, 그분의 삶으로 대체되어 있다. 이로써 나의 삶은 내가 사는 것이 아니라 예수 그리스도께서 사시는 것이 된다.

의는 율법을 통하여 오지 않았다. 율법은 사람들의 죄를 낱낱이 드러내고 정죄한다. 하지만 주님께서는 예수 그리스도를 통하여 그 죄의 문제를 해결하셨다. 그래서 이제는 구원받은 사람에게 그 어떤 "행함이 없어도" 죄를 묻지 않으신다. 예수 그리스도의 의가 죄인에게 전가되었기 때문이다. 의를 행위로 얻으려는 자들은 결코 예수 그리스도께서 이루신 의를 받을 수 없다. 예수 그리스도를 영접하기를 거부하는 자들은 곧 하나님의 은혜를 저버린 자들이다(21절, 롬 4:1-6).

■ 새롭게 깨달았거나 적용할 내용이 있다면 적어 보세요. ■

제2과
복습문제

1. 예수 그리스도를 믿는 믿음이, 이방인들에게는 그분을 나의 구세주로 받아들이는 것이지만, 유대인들에게는 예수 그리스도의 이름으로 침례를 받으라고 했던 베드로의 가르침대로 물침례에 순종하는 것도 포함하는 것이다. (O , X)

2. 유대에서 내려온 어떤 사람들이 갈라디아 성도들의 믿음을 뒤흔들어 놓은 것은 구원을 받기 위해 (   )를 행해야 한다는 것이었는데, 이것은 오늘날 구원을 받기 위해서 그리고 그 구원을 유지하기 위해서 행위를 가르치는 대부분의 종교들의 이단 교리와 그 맥을 같이한다.

3. 사도 바울은 에베소서 5,6장, 골로새서 3,4장, 빌립보서 4장, 고린도전서 1-14장 등에서 그리스도인들에게 구원받은 후에 해야 할 일들을 충고하면서 그러한 행위들을 종종 복음의 진리와 연관을 지어 설명했다. 사도행전 16장에서 디모데에게 할례를 행한 것이 그 대표적인 예이다. (O , X)

4. 율법의 행위로는 아무 육체도 의롭게 될 수 없다고 하신 말씀은 이방인들에게 하신 말씀이며, 유대인들은 여전히 율법에 순종함으로 의를 이루어야 한다. (O , X)

■ 복습 문제의 정답은 홈페이지(www.solomonbtc.org)에서 확인할 수 있습니다.

NOTES

NOTES

제3과

의인은 믿음으로 말미암아 살리라(3장)

『따라서 하나님 앞에서 율법으로 의롭게 되는 사람은 아무도 없다는 것이 분명하니 이는 "의인은 믿음으로 말미암아 살리라."고 하였음이니라』(갈 3:11).

구원은 믿음에 의한 성령의 선물이다(1-5절)

1. 갈라디아 사람들을 책망함

사도 바울은 십자가에 못 박히신 예수 그리스도가 분명히 제시되었음에도 이 진리에 순종하지 못하는 갈라디아 사람들을 강하게 질책하며 3장을 시작하고 있다. 『**오 어리석은 갈라디아 사람들아**』(1절). 이는 갈라디아서 1:6의 상황을 언급하고 있는 것으로, 율법의 행위로 성령을 받을 수 있다고 주장하는 자들의 헛된 미혹에 빠져 다른 복음을 따르는 사람들이 있었던 것이다. 『**너희가 진리에 순종하지 못하도록 누가 너희를 미혹하더냐?**』 여기서 진리는 복음의 진리를 말한다(갈 2:5,14, 골 1:5). 그리고 순종한다는 말은 곧 이 복음의 진리를 믿는 것을 말한다(롬 10:16). 바울은 너희가 율법의 행위로 성령을 받았던 것인지, 아니면 믿음을 들음으로써 받았는지 재차 묻는다(2절). 이 질문은 비단 그리스도인들을 향한 질문만은 아니었다. 갈라디아 사람들, 즉 거듭나지 않은 자들에게도 던지는 질문이었다. 그리고 이에 대한 답변은 명확하다. 믿음을 들음으로써이다. 율법을 지킴으로써 구원을 받는다는 생각하는 자들은 그리스도를 무용하게 만들며 은혜로부터는 떨어져 나간 자들일 뿐이다(갈 5:2-4).

3절에서 바울은 믿음을 통해 하나님의 은혜로 구원받고서, 율법의 행위로 받은 구원과 의를 유지하려는 자들을 향해 다시 한번 어리석다고 말하고 있다. 이러한 어리석은 자들은 비단 바울의 시대에만 있었던 것이 아니다. 시대마다 있었고, 지금 이 나라 교계에서도 이런 어리석은 자들을 볼 수 있다. 구원받지도 못한 채, 어떻게든 자신들의 행위로 끝까지 견뎌야 구원을 받는다고 믿는 사람들이 부지기수인 것이다. 그나마 구원받은 사람이라 할지라도 행위로 구원과 그 의를 유지해 나갈 수 있다는 잘못된 교리로 인해 구원을 잃어버릴까 노심초사 하고 있다. 사탄은 이런 불안을 사용하여 그리스도인이 결국, 영적인 성장을 하지 못한 채 어린아이로 주저앉아 버리게 만든다. 하지만 그리스도인의 생활은 결코 그런 것이 아니다. **그리스도인의 생활은 성령께서 성도 안에 들어오셔서 인치실 때(엡 1:13) 믿음을 통해 은혜로 시작된다. 그리고 십자가의 능력 안에서(갈 6:14) 믿음을 통해 은혜로 지속하는 것이다(갈 3:11). 구원에 행위를 결부시키는 자들은 어리석은 자들일 뿐이다.**

2. 5절에 "그"는 누구인가?

5절 중반부에 나오는 "그"를 모든 성경 주석가들과 성경 개정자들은 "하나님"으로 해석한다. 그러나 본문을 있는 그대로 보면, 본문의 "그"는 결코 하나님이 될 수 없다. 우선 "하나님"은 1-5절 사이에서 나오지 않는다. 그리고 하나님께서 이방인들을 믿음으로 의롭게 하실 것을 미리 보셨지만(8절), 그 누구에게도 성령이 전해지거나 기적들이 행해지지 않았다. 기적들은 사도들에게 주신 사도의 표적으로, 모든 이방인 교회들에서 사도적인 가르침(고전 12:10) 외에 나타난 것들은 사람에 의해 행해진 것이지(고전 12:28) 하나님에 의해 된 것이 아니라는 사실을 알 수 있다. 따라서 "그"는 1절의 미혹하던 자를 가리킨다.

아브라함의 믿음을 통해 논증함(6-18절)

1. 믿음으로 의가 전가된 아브라함

바울은 이제 6절에서 아브라함을 예로 들며 그도 율법의 행위가 아니라 하나님을 믿었고, 하나님께서는 그 믿음을 보시고 그에게 의로 여겨 주셨다고 말한다. 아브라함과 갈라디아인의 공통점은 믿음으로 의가 전가되었다는 점이다. 여기에는 어떠한 행위도 필요치 않았다. 하지만 다른 모든 부분에서는 그 둘은 서로 다르다. 신약적인 구원과는 차이가 있는 것이다. 아브라함은 육체적으로 할례받았으나, 갈라디아 성도들은 영적으로 할례받았다. 그리고 아브라함은 그리스도의 몸 안에 있지 않지만, 갈라디아 성도들은 그리스도의 몸 안에 있다. 아브라함은 죽어서 아브라함의 품이라 불리는 낙원으로 갔지만, 갈라디아 성도들은 죽어서 셋째 하늘로 갔다. 아브라함은 그의 죄들을 위한 완전한 속죄가 없었지만, 갈라디아인들은 있다. 아브라함의 혼은 그의 몸에 붙어 있었지만, 갈라디아 성도들의 혼은 그들의 몸으로부터 분리되었다(골 2:11, 롬 7:1-4). 이뿐만 아니라 아브라함의 경우 의로 여겨진 것과 의롭게 된 것 사이에는 시간적 간격이 있었다. 하지만 교회 시대에는 그 둘이 동시에 이루어진다. 그렇게 믿음으로 구원을 받은 자들이 바로 아브라함의 자손이 되는 것이다. 물론 여기서 아브라함의 자손은 영적인 자녀를 가리키는 것이지 육체적인 자손을 언급하는 것이 아니다(7절).

8절 말씀에서 우리는 성경이 지니는 인격적인 속성에 관한 말씀을 본다. 성경이 미래의 사건들을 미리 보고, 그것들이 기록되기 이전에 먼저 전파한 것이다. 성경이 파라오에게 말하기도 했으며, 사람을 세우기도 한다(롬 9:17 cf 출 9:16), 바울은 세 경우에 있어서(히 4:12,13) 성경을 하나님과 거의 동일시 하고 있다. 창세기 12:1-3의 때에 아브라함에게 이 말씀을 하신 분은 전능하시고 거룩하신 주 하나님이셨다. 그분을 본문에서는 "성경"(the scripture)이라고 부르고 있다. 더욱이 시편 138:2에서는 육신을 입으신 말씀(Word)이 아닌 기록된 말씀(word)을 모든 이름 위에 있는 한 이름(빌 2:9) 보다 더 높이셨다. 물론 그리스도인은 그 책 자체를 우상 섬기듯

섬기지는 않는다. 하지만 전능하신 하나님의 살아 있는 말씀으로 성경의 권위를 인정하며 그 권위에 순종한다. 한글을 모국어로 사용하는 그리스도인들에게는 그 성경, 그 말씀으로 바로 한글킹제임스성경을 주셨다. 마지막 때에, 그리스도인의 손에 들린 이 최종권위를 약화시키고, 의심케 만들며, 불신케 하는 마귀의 마지막 발악에 성도는 단호히 대처해야만 할 것이다.

2. 영적인 복과 실제적인 복

8절 후반부 말씀에서 아브라함에게 전해진 복음은 아브라함에게 무엇인가 좋은 소식이 전파되었음을 의미하지 교회 시대의 복음이 전파된 것이 아니다. 만약 아브라함과 더불어 영적인 복들을 받고 싶다면, 그가 했던 것과 동일하게 하나님의 말씀을 믿으면 된다. 그런데 성경 주석가들과 후(무)천년 주의자들은 8절 말씀이 창세기 12:1-3의 내용을 인용한 것이라고 주장함으로써 영적인 복을 실제적인 복과 같은 것으로 간주하며 하나님께서 이스라엘에게 하신 약속 특히 그 땅에 관한 약속의 말씀을 자기 것으로 취해 버린다. 하지만 8절 말씀은 문맥적으로 교회 시대 성도들과 관련된 영적인 씨에 관하여 설명하고 있다. 반면에 창세기 12:1-3의 문맥은 이스라엘에 주어진 문자적이고 물질적인 축복들을 언급하고 있기에 서로 참조 구절이 될 수 없다. 하나님께서는 이스라엘을 버리시지 않으셨고 반드시 회복시키셔서 그 약속들을 이루실 것이다.

3. 율법의 행위로 난 자들은 저주 아래 있다.

율법의 행위로 난 자들은 모두 저주 아래 있다(10절). 행하도록 기록된 율법

전체를 계속해서 지켜야만 하기 때문이다. 그렇기에 하나님 앞에서 율법으로 의롭게 되는 사람이 아무도 없다고 선언하시는 것이다. 11절에서 의인은 믿음으로 말미암아 살리라는 말씀은 하박국 2:4 말씀을 인용한 것인데 그의(his)라는 단어가 빠져서 인용되었다. 이는 구약의 믿음과 신약의 믿음에는 차이가 있기에 성령님께서 의도적으로 빼신 것이다. 먼저 구약의 "믿음"은 개인에 의해 만들어지며(히 11:1-30), 그 자신의 행위의 일부로 간주된다(갈 3:12). 율법 아래에서의 구원은 믿음과 행위의 조합이기 때문에(약 2-3장, 롬 10:5) 개인적인 요소가 들어간다. 반면에 신약의 "믿음"은 하나님의 선물(엡 2:8,9, 갈 2:20)이며, 그리스도 안에서 행사되는 믿음은 행위라고 말할 수 없다(롬 10:6). 율법은 믿음에서 난 것이 아니다(12절). 율법 아래 구약 성도들은 자신의 믿음을 행위로써 입증해야만 했다. 행위들이 동반되지 않은 믿음은(히 11:39,40) 그를 의롭게 하지 못했다. 행함으로 살며(겔 19장), 행하기를 그만두면(시 51:11) 주께서 그를 떠나시기도 한 것이다(판 16:20).

4. 영적인 복, 영적인 약속, 영적인 씨, 영적인 자녀

13절은 지켜 행하도록 기록된 율법의 행위, 율법의 저주에서 우리를 해방시켜 준다. 그리스도께서 우리를 위하여 친히 저주가 되셔서 십자가에 매달림으로써 율법의 저주로부터 우리를 구속하셨기 때문이다. 십자가에 달린 예수 그리스도를 통해 이방인들에게 미친 아브라함의 복이란, 물리적이고 실제적인 복을 말씀하는 것이 아니라 영적인 복을 말하는 것이다. 영적인 복이라 함은, "의의 전가"(갈 3:6), "의롭게 됨"(갈 3:8), 특히 "성령의 약속"을 말한다. 이 복은 또한 "영적인 복"이고 "약속" 또한 "영적"이며, "씨"도 "영적인 씨"이고, "자녀"도 "영적인 자녀"를 언급하고 있다. 특히 "성령의 약속"(14절)은 분명히 "영적"이라는 사실에는 논란의 여지가 없다. "약속들"(복수)은 씨에게 주어졌으나, 창세기

12:3의 약속은 그리스도를 가리키는 "씨"(단수)에게 주어지지 않았기 때문이다. 창세기 12:3의 "약속"(단수)은 아브라함, 이삭, 야곱의 육체적인 자손에게 이어졌다. 이것은 창세기 13:15-16과 민수기 24:9을 보더라도 명백한 사실이다. 민족들이 복을 받으리라는(창 18:18; 22:17) "약속"(단수)은 그리스도의 모형인 이삭에게 주어졌다. 이 약속은 믿음(갈 3:6), 전가된 의(갈 3:6), 의롭게 됨(갈 3:8)과 연관된 약속이었다. 그러므로 영적인 상속은 아브라함이 믿음을 행사한 것처럼 이방인들이 믿음을 행사함으로 의롭게 되는 것이다(갈 3:25,29). 물질적인 상속(갈 3:18)은 아브라함의 씨가 땅을 상속받는다는 것이며, 이 씨에는 이스라엘 지파(시 22:30-31)뿐 아니라 "공동상속자"(갈 3:29, 롬 8:17)를 포함한다. 하나님께서 그리스도 안에서 미리 확정하신 언약이라는 말씀은, 에베소서 1:20나 골로새서 1:15,16과 동일한 말씀으로 하나님께서 구약에서 자신이 하시고자 하는 일을 그리스도를 통하여 행하셨음을 보여 준다. "그리스도"가 아브라함 안에 있었다는 말이 아니다. 사백삼십 년이란 시간 후에 생긴 율법이 약속을 무효화 할 수 없다(17절).

약속들은 아브라함에게 주어졌다. 이것 중 어떤 것은 물질적인 것이며, 어떤 것은 영적인 것이다. 이 약속들 모두는 "씨"에게 주신 것이며, 이 씨(이삭)는 그리스도의 예표이기 때문에, 율법 이전에 하나님께서 하신 것은 율법이 완성된(갈 3:13) 이후에 하실 일들과 연관되는 것이 분명하다. 두 가지 경륜(율법 이전과 율법 이후)은 모두 은혜가 관장하며, 은혜가 담당하는 곳에서 성경은 항상 그리스도를 가리킨다(엡 1:17,23). 그러므로 이삭과 관련해서 맺어진 영적인 약속들은 미래의 예수 그리스도에 대한 언급이다. 율법이 온 것은 이 약속들에 아무것도 더하거나 뺄 수 없다. 더욱이 물질적인 약속들(창 15:18)은 그리스도와 관련해서 된 약속이며, "씨"란 단어는 창세기 12:1-3이후 창세기 12:7에 갑자기 나타난다. 땅의 문자적 인 상속(딤후 2:12)은 율법이 주어지기 430년 전에 아브라함에게 약속되었으며(창 15:18), 비록 문자적인 이스라엘이 얼마간 자리를 비켜 제쳐졌더라도(롬 11장) 결국 상속을 받을 것이다(롬 11:26-29).

율법의 참된 의도는 정죄다(19-24절)

그리하면 어찌하여 율법을 섬기느냐?(19절) 이에 대해 바울은 스스로 답한다. 율법은 범법함 때문에, 죄를 지적하고 책망하기 위해 주어진 것이다. 사람은 율법 아래서 감시를 받았으며 믿음이 계시 될 때까지 갇혀 있었던 것이다(23절). 율법은 가르치기 위해 주어진 것이기에, 선생이라고 불린다. 하지만 율법으로부터 배운 자들은 하나님의 기준들은 너무 높아서 모든 계층, 나이, 수준의 사람들이 결국 실패할 수밖에 없다는 사실을 깨닫게 된다. 이 율법은 약속받은 그 씨가 오실 때까지 한시적으로 주어졌다. 율법은 예수 그리스도께서 나타나셨을 때(13절) 그 유효함을 끝마쳤다. 이스라엘에서 나온 선택된 씨는 전능하신 분이시다. 이제 그가 오셨고, 이제 그가 당신 대신 시험을 치렀기 때문에, 이제 당신이 그를 신뢰하고 의뢰하며 그를 믿는다면 당신은 무사통과할 것이다.

아브라함에게 했던 영적인 약속들은 이삭에게만(야곱이 아니라) 연결될 수 있으며, 이삭은 그리스도의 모형이다. 율법은 더해진 것이며, "한 중보자의 손에서 천사들을 통하여 제정된 것"(19절)이다. 하나님과 아브라함 사이에는 중보자가 없었다(창 15:18; 22:13-15). 그 둘은 제삼자의 개입 없이 언약을 맺었다. 하지만 모세는 하나님과 이스라엘 사이의 중보자였다(출 4:16).

은혜의 따른 성도의 삶(25-29절)

믿음이 온 후로 그리스도인은 더이상 율법 아래 있지 않다. 그리스도와 하나 됨으로써(롬 6:8-16) 율법에 대하여 죽었기 때문이다(갈 2:20). 이제 그리스도인은 율법과 아무런 상관이 없고(골 2:14) 의롭게 되기 위한 어떠한 노력이나 행위도 필요하지 않다(갈 5:4). 그리스도 예수를 믿음으로 말미암아 하나님의 자녀들이 된 것이다(26절). 그리스도 안으로 침례 받은 사람은 이제 그리스도로 옷 입은 것이다(27절). 물론 여기서 침례는 물침례를 뜻하지 않는다. 성령을 통하여 예수 그리스도의 몸 안으로 들어가는 영적 침례를 말한다. 그리스도인은 영적 침례를 받음으로써 그리스도로 옷 입은 사람들이다. 유대인이나 헬라인도 없고 그리스도 예수 안에서 하나가 된다(28절). 이는 그리스도 안에 있는 그리스도인들의 연합을 말하지, 세상과 비진리와의 연합을 말하지 않는다. 그리스도의 것이 되었다면 아브라함의 씨이고 약속에 따른 상속자가 된다. 물질적인 약속들을 영적으로 바꾸어 이 구절에 끼워 맞추는 것은 불가능하다. 유업이 문자적이라면 "이스라엘 나라"(엡 2:11-12)에 결합하여 그리스도와 함께(롬 8:14-17) 상속자가 될 수 있다. 유업이 영적이라면 거듭날 때 그리스도의 몸에 결합하여 그리스도 안에서(갈 4:6) 상속자가 될 수 있다.

■ 새롭게 깨달았거나 적용할 내용이 있다면 적어 보세요. ■

제3과
복습문제

1. 갈라디아 사람들이 미혹된 것은, 구원과 관련하여 믿음에 행위가 필요하다는 식으로 그들이 미혹되었기 때문이다. (O , X)

2. 현 교회 시대에 성령께서는 하나님의 말씀을 통해 죄인들에게 찔림을 주시며, 두려워하게 하시고, 믿음을 결정하게 하시며, 거듭나게 하시는 등의 역사를 이루신다. 이 외에도 기적과 이적들을 통해서도 죄인들에게 역사하신다. (O , X)

3. 율법은 그것을 끝까지 지키지 못하는 자를 저주하며 율법을 지키지 못한 것에 대해 목숨을 요구할 권리를 갖는다(갈 3:10, 고전 15:56). (O , X)

4. 아브라함의 믿음과 그리스도인의 믿음은 의롭게 여겨짐과 의롭게 됨에서 별다른 차이가 없다. (O , X)

5. 『따라서 하나님 앞에서 율법으로 의롭게 되는 사람은 아무도 없다는 것이 분명하니 이는 "의인은 (　　　　　)으로 말미암아 살리라."고 하였음이니라』(갈 3:11).

■ 복습 문제의 정답은 홈페이지(www.solomonbtc.org)에서 확인할 수 있습니다.

NOTES

NOTES

제4과

"두 언약" : 이삭과 이스마엘의 비유(4장)

『그러므로 형제들아, 우리는 여종의 자녀가 아니라 자유로운 여자의 자녀로다』(갈 4:31).

종에서 아들로의 변화(1-11절)

1. 율법

갈라디아서 3장에서 율법은 "인도하는" 지도 교사와 "가두는" 경찰과 같았다(3:23). 갈라디아서 4장에서는 율법을 어린아이가 다 자랄 때까지 맡고 있는 "보호자"와 "청지기"로서 제시한다(1,2절). 어린아이는 그가 자라서 상속자가 될 때까지는 종과 다를 바 없지만(1절), 아버지는 자신의 어린아이를 그가 정해 놓은 때까지 보호자와 청지기 아래 둔다(2절).

1절의 『**그 상속자**』는 앞선 3:29의 『**약속에 따른 상속자들**』을 가리킨다. 우리는 그리스도 예수 안에서 약속에 따른 상속자들이 되었는데, 우리의 이전 상태(어린아이)는 종과 다를 바 없었다(1절). 2절의 『**보호자와 청지기 아래 있느니라.**』라는 말씀은 3절의 『**세상의 초등 학문 아래서**』와 5절의 『**율법 아래 있는**』이라는 말씀에 대응된다. 따라서 "보호자와 청지기"는 세상의 초등 학문인 "율법"을 상징한다.

2. 아들의 신분을 얻게 하심

우리는 『**아버지가 미리 정해 놓은 때까지 보호자와 청지기 아래**』(2절) 있는 어린아이 같았고, 세상의 초등 학문 아래서 종 노릇 하였지만(3절), 『**아버지가 미리 정해 놓은 때**』가 차자(『**그 때가 차니**』, 4절) 하나님께서 그분의 아들이신 예수 그리스도를 이 땅에 보내시어 율법 아래 나게 하시고 십자가에서 죽고 부활하게 하심으로써(4절) "**율법 아래 있는 우리를 구속하셔서 우리로 아들의 신분을 얻게 하셨다**"(5절).

3. 아들의 영

본문 6절은 하나님께서 그분의 아들들에게만 그분의 『아들의 영』을 보내신다고 말씀한다. 하나님의 아들의 신분을 얻은 우리에게는 "**하나님의 아들의 영**"이 와 계시게 되는데, 이로써 우리는 하나님을 『**아바, 아버지**』라 부르짖을 수 있게 되는 것이다. 『**너희가 아들들이므로 하나님께서 자기 아들의 영을 너희 마음속에 보내시어** 아바, 아버지라 **부르짖게 하셨느니라**』(6절). 하나님을 『아바, 아버지』라 부를 수 있다는 것은(6절) 우리가 더 이상 종이 아니라 『**아들들**』, 곧 『**그리스도를 통한 하나님의 상속자들**』임을 보여 준다(7절). 이 점은 우리를 또다시 "4:1"과 "로마서 8:15-17"로 안내한다.

『이제 내가 말하노니 그 상속자가 모든 것의 주인이지만 어린아이일 동안은 종과 다를 바 없으며』(갈 4:1). 『너희는 다시 두려워하는 종의 영을 받지 아니하였고 양자 되는 영을 받았으므로 그에 따라 우리가 "아바, 아버지."라 부르짖느니라. 성령이 친히 우리의 영과 함께 우리가 하나님의 자녀임을 증거하시거니와 자녀이면 또한 상속자들이니 하나님의 상속자들이요, 그리스도와 함께한 공동 상속자들이니 우리가 그와 함께 고난을 받은 것은 함께 영광도 받게 하려 함이니라』(롬 8:15-17).

4. 갈라디아 교회의 문제

갈라디아 교회의 문제는 그들이 하나님을 알게 되었고 그들 자신이 하나님께 알려졌음에도 불구하고, 본질상 신들이 아닌 것들에게 종 노릇 하던 이전의 약하고 천한 초등 학문(율법)으로 다시 돌아가려는 데 있었다(8,9절). 세상에서 하나님도 없었고(엡 2:12) 진노의 자녀였으며(엡 2:3) 약속의 언약들로부터 생소한 타국인이었던 이방인들이 믿음을 통해 하나님의 아들들이 되었는데도, 이전의 "**날과 달과 절기와 해**"를 지키는 것으로 돌아가 바울의 수고를 헛되게 하려 했던 것이다(10,11절).

바울은 자신의 수고가 헛되게 되는 것을 두려워했다(11절, cf. 2:2; 3:4). 바울은 자신이 애써 공들인 교회가 변질됨으로써 자신이 하나님에 의해 낮춰지는 것을 두려워했는데, 이 점이 고린도 교회에 보내는 그의 두 번째 서신에서도 엿보인다. 『**내가 두려워하는 것은 내가 갔을 때 내가 바라던 대로 너희를 보지 못할까 함이요, 또 너희가 바라지 않는 그러한 나를 너희에게 보이게 되지 않을까 함이며 거기에 다툼과 시기와 분노와 경쟁과 험담과 수군거림과 교만이나 소요가 있지 않을까 함이라. 또 내가 다시 가면 나의 하나님께서 너희 앞에서 나를 낮추시지 않을까 함이요**』(고후 12:20,21). 신실한 사역자의 두려움은 그의 수고가 마귀의 방해로 수포가 되는 데 있다. 이에 관하여 피터 럭크만 박사는 〈고린도후서〉 주석서에서 다음과 같이 설명한다.

> 고린도후서 12:20을 읽을 때, 나는 종종 그것을 그리스도께서 그리스도인에게 친히 쓰시는 것으로 읽곤 한다. 『**내**[그리스도]**가 두려워하는 것은 내가 갔을 때**[휴거] **내가 바라던 대로**[내가 너희에게 바라는 삶의 모습으로] **너희**[그리스도인]**를 보지 못할까 함이요, 또 너희가 바라지 않는 그러한 나**[너희의 죄로 인해 너희가 만나기를 부끄러워하는 나]**를 너희에게 보이게 되지 않을까 함이며**』, 그리고 그 뒤에 그가 열거하는 것들은 지역 교회 회중들 가운데서 흔히 일어나는 문제들이다. 『**다툼과 시기와 분노와 경쟁과 험담과 수군거림과 교만이나 소요**』 등이 그렇다. 자신에게 이것을 물어보라. 그리스도께서 다시 오실 때, 당신은 주님

께서 당신과 당신 교회의 그런 모습을 보시게 되기를 원하는가?

사도 바울이 원하지 않았던 것은, 고린도에 도착한 그가 앞선 20절 뒷부분에 열거한 것들을 그들의 삶 속에서 발견하는 것이었다. 당신은 그런 일이 몹시 치욕스러운 것임을 인정해야 한다. 아마 성령께서 당신의 마음을 따끔하게 찌르시며 이렇게 말씀하실 것이다. "**바울아, '너의 회심자들'을 보라. 그들이 어떻게 하고 있느냐? 상태가 몹시 안 좋구나. 그렇게 생각하지 않느냐?**"

나는 개인적으로 사역을 해 본 그리스도인이라면 누구나 언젠가 그런 모습을 보았을 것으로 짐작한다. 당신은 한 주정뱅이를 그리스도께로 인도하지만, 그는 세상으로 되돌아간다. 당신이 장차 주님을 위해 뭔가를 해낼 수 있을 것 같은 어떤 회심자에 관해 자랑하기 시작하면, 때마침 그가 타락해 버리고 만다. 말하자면 그런 경험으로 인해 당신이 겸손하게 되는 것이다.

■ 새롭게 깨달았거나 적용할 내용이 있다면 적어 보세요. ■

갈라디아 교회 안에 잘못된 열성을 낸 자들(12-18절)

1. 갈라디아 교회에 문제가 생긴 원인

갈라디아 교회에 문제가 생긴 것은 갈라디아 교회 안에 잘못된 것을 가르치고 전파하는 사람들이 있었기 때문이다(3:5; 4:17).

> 『그러면 너희에게 성령을 전해 주고 너희 가운데서 기적들을 행하는 그가 율법의 행위로 하는 것이냐? 아니면 믿음을 들음으로 하는 것이냐?』(3:5) 『그들이 너희에게 열성을 내는 것은 좋은 의도가 아니고 다만 너희를 떼어내어 너희로 그들에게 열성을 내게 하려 함이니라』(4:17).

2. 갈라디아 교회의 잘못

> 『형제들아, 내가 너희에게 간구하노니, 너희는 나와 같이 되라. 이는 나도 너희와 같이 되었음이라. 너희가 전혀 나를 해롭게 하지 아니하였느니라』(12절).

그들과 달리, 바울의 사역은 갈라디아 교회에 전혀 해롭지 않았다. 갈라디아인들 스스로 자신을 망쳐 버린 것이다. 본문 12절은 이어지는 문맥 속에서 그 의미를 파악해야 한다. 우선 바울은 육체의 연약함 중에 갈라디아에 복음을 전파했다(13절). 이에 대하여 갈라디아인들은 바울의 육체적 시련을 무시하거나 거절하지 않았고, 오히려 **『하나님의 천사같이 곧 그리스도 예수같이』**(14절) 바울을 영접했다. 이 점에 있어서 바울과 갈라디아인들은 일심동체였다. "그들은 바울과 같았고, 바울은 그들과 같았다." 그런데 그들이 변질되었기 때문에 바울은 그들에게 『**너희는 나와 같이 되라.**』(12절)고 해야 했다.

이전에 갈라디아인들은 자신들의 눈이라도 빼서(cf. 행 9:8,9, 고후 12:7) 바울에게 주고 싶어 했고, 그들은 그것을 자신들의 복이라고 바울에게 말했었다(15절). 그랬던 그들이 변질되자, 그들에게 진리를 전하는 바울이 그들에게 원수처럼 되어 버렸다(16절, cf. 왕상 21:20). 그들을 향한 바울의 마음은 변함이 없는데(『**이는 나도 너희와 같이 되었음이라.**』), 바울을 향한 그들의 마음은 예전과 같지 않았던 것이다(『**형제들아, 내가 너희에게 간구하노니, 너희는 나와 같이 되라.**』)

바울이 볼 때 그들은 스스로에게 해를 끼쳐 망가져 버린 것이었다. 갈라디아인들이 바울을 망가뜨린 것이 아니라(『**너희가 전혀 나를 해롭게 하지 아니하였느니라.**』) 그들에게 잘못된 열성을 내는 자들을 받아들임으로써(17절) 천한 초등 학문으로 돌아가 버린 갈라디아인들 스스로 망가져 버렸다. 바울은 갈라디아인들에게 잘못된 열성을 내는 자들을 정죄하면서도, 한편으로 『**좋은 일에 열성을 내는 것은... 언제라도 좋은 일이라.**』(18절)고 추천한다. 좋은 일에 대한 열성은 그것을 지켜보는 성도들을 분발하게 한다. 『**성도들을 섬기는 일에 대하여서도 내가 너희에게 쓸 필요가 없으니 이는 내가 너희 마음의 열성을 알기 때문이라. 내가 너희를 마케도니아 사람들에게 자랑하기를 "아카야에서는 지난 해부터 준비했노라."고 하였으니 너희의 열성이 많은 사람을 분발케 하였느니라**』(고후 9:1,2).

여기서 주의할 사실은, 고린도 교회 성도들은 처음의 열성으로 마케도니아 사람들을 분발케 했지만, 나중에 가서는 그 열성이 식고 오히려 마케도니아 성도들이 연보를 모금하는 일에 더 열성을 내게 된다는 점이다(고후 8:1-6). 그래서 바울은 고린도 교회에 대해 자랑했던 일이 헛되지 않도록 그들에게 처음의 열성을 완성하라는 권고를 해야 했다(고후 8:6). "열성을 냈다면 끝까지 열성을 내는 것"이 더 중요함을 알아야 한다.

이스마엘과 이삭의 비유(19-31절)

1. 다시 산고를 겪는 바울

어리석은 갈라디아인들에게 사도 바울은 "산고"와 같은 자신의 영적 고충을 이야기하면서(19절) 갈라디아인들에 대한 의심으로 인해 자신의 어조를 바꾼다(20절). 그리고 바울은 율법이 뭔지 몰라 다시 율법 아래 있고자 하는 갈라디아인들을 책망한 뒤(21절) 이스마엘과 이삭의 비유를 들어 설명한다.

2. 아브라함에게 아들을 낳아 준 두 여인과 그 비유(22-31절)

『기록되기를 "아브라함에게 두 아들이 있었는데 하나는 여종에게서 났고 하나는 자유로운 여자에게서 났다."고 하였느니라』(갈 4:22).

여종은 하갈이며, 그녀에게서 난 아들은 "**육신을 따라 난 아들**"이다(23절). 반면에 자유로운 여자는 사라이며, 그녀에게서 난 아들은 "**약속으로 말미암아 난 아들**"이다(23절). 하갈은 신약과 구약 "**두 언약**" 중 구약이고(24절) "**시내 산으로부터 종을 낳은 자**"(구약)이다(24절). 출애굽한 이스라엘은 시내 산에서 율법의 속박 아래로 들어가 율법의 종이 되었던 것이다. 하갈은 "**아라비아에 있**

는 시내 산"이고 "율법에 얽매어 아직도 그것의 종 노릇 하는 땅의 예루살렘"과 같다(25절). 자유로운 여자는 "두 언약" 중 신약이다(24절). 자유로운 여자는 "위에 있는 새 예루살렘"이며 "모든 그리스도인들의 어머니"이다(26절). 새 예루살렘이 "우리 모두의 어머니"인 이유는 그것이 있는 셋째 하늘이 우리 그리스도인들의 본향이기 때문이다. 갈라디아서 4장 3,8,9,25절 의 "종 노릇"에 주목해야 한다. 더 이상 율법의 종 노릇을 해서는 안 된다는 것이 이 비유의 핵심 메시지이다.

비유의 이해를 돕기 위해 대조되는 짝들이 있다. ❶ 이삭 vs. 이스마엘(22절) ❷ 사라 vs. 하갈(25,26절) ❸ 하늘의 시온 산(히 12:22) vs. 시내 산(24,25절) ❹ 새 예루살렘 vs. 땅의 예루살렘(25,26절) ❺ 자유로운 여자 vs. 여종(31절) ❻ 약속으로 말미암아 난 자 vs. 육신을 따라 난 자(28,29절) ❼ 신약 vs. 구약(24절) ❽ 약속의 자녀 vs. 종의 자녀(31절) ❾ 은혜 vs. 율법(30절)

바울은 천년왕국과 관련된 이사야 54:1을 자유롭게 인용하면서(27절) 우리 그리스도인들을 『**이삭과 같이 약속의 자녀**』라고 말한다(28절). 그때에 "육신을 따라 난 자"가 "성령을 따라 난 자"를 박해하였던 것처럼, 현재 "율법의 종이 된 자들"이 "성령에 의해 거듭난 그리스도인들"을 박해하고 있는 것이다(29절). 이것이 갈라디아 교회의 현실이었다.

이에 대한 바울의 명령은 『**그러나 성경이 무엇이라 말하느냐? "여종과 그녀의 아들을 내어쫓으라. 이는 여종의 아들이 자유로운 여자의 아들과 함께 상속을 받지 못할 것임이니라."고 하였느니라.**』(30절)라는 말씀에 담겨 있다. "여종과 그녀의 아들," 곧 "구약과 율법의 종"은 자유로운 여자의 자녀인 그리스도인들과 아무런 관련이 없으므로 우리에게서 쫓아내야 한다는 것인즉, 이것은 율법을 들먹거리면서 사도 바울을 원수처럼 여기고(갈 4:16) 박해하며 갈라디아 교회의 모임을 망치고 있는 자들을 그 교회에서 내쫓아야 한다는 뜻을 내포하고 있다.

■ 그리스도가 형성될 때까지 ■

『나의 어린 자녀들아, 너희 안에 그리스도가 형성될 때까지, 내가 다시 산고를 치르노라』(4:19). 성도 안에 계신 그리스도께서는 성도 안에 형성되신 그리스도와 다르다(엡 4:13-16). 성도 안에 그리스도께서 형성되면 어떤 일들이 반드시 나타나는데, 그 안에 그리스도께서 형성되면 그가 성령으로 충만하여(엡 5:18) 성령에 의해 관장되기 때문이다. 성령은 "Holy Ghost"로도 불리는데, 영어로 "Ghost"는 죽은 사람의 몸의 형태를 말한다. 성령님은 예수 그리스도의 영이시기 때문에 예수 그리스도와 똑같은 사람의 모습을 하고 계신다. 그래서 우리가 성령으로 충만해지면, 예수 그리스도께서 사람인 우리의 몸 안에서 그분의 형태를 갖게 되시는데, 이를 가리켜 바울은 "우리 안에 그리스도께서 형성되신다."라고 말하는 것이다. 이것이 진정한 의미에서의 "성령 충만"이다.

그러나 한 죄인이 거듭난 뒤 그리스도께서 그 성도 안에 주님 자신의 모습으로 형성되시는 데에는 많은 수고와 고통이 뒤따른다. "온전한 사람이 되어 그리스도의 충만하심의 장성한 분량에까지 이르게"(엡 4:13) 되는 데에는 수고와 고통이 따르는 것이다. 하나님의 모든 자녀들이 성령을 소유했지만, 하나님의 모든 자녀들이 성령으로 충만한 것은 아니다(엡 5:18). 어떤 성도에게 성령의 능력이 나타났다고 해서, 그 사람 안에 그리스도께서 형성되셨다는 증거가 될 수는 없다. 가장 육신적이었던 고린도 교회에도 성령의 능력의 나타남이 있었기 때문이다(고전 12:7-11).

공에 바람을 넣으려면 계속 펌프질을 해야 하듯이, 한 성도가 진정한 의미에서 성령으로 충만해지려면 오랜 수고와 고통이 따르게 된다. 그러한 수고의 뒤에는 삶이 달라진다. 바람이 축구공을 단단하게 만들 듯, 성령으로 충만해지면 믿음이 단단한 그리스도인이 되는 것이다. 성령을 소유했다고 해서 무조건 영적 전쟁을 치를 수 있는 것이 아니며, 성령으로 충만해야 싸울 수 있다. 영적 전쟁에서 자주 패하는 것은 영적 성장을 통한 성령 충만이 이루어지지 않았기 때문이다. 모든 책임은 우리 자신에게 있다. 사람이신 예수 그리스도께서 사람인 우리 안에 형성되시려면 우리가 영적으로 성장해서 성령으로 충만해져야 한다. "**죄를 버리고 순수한 말씀을 사모하며**"(벧전 2:1,2) "**오직 은혜와 우리 주, 곧 구주 예수 그리스도를 아는 지식 안에서 자라가야만**"(벧후 3:18) 마귀들과의 영적 전쟁에서 승리할 수 있는 것이다!

■ 새롭게 깨달았거나 적용할 내용이 있다면 적어 보세요. ■

제4과 복습문제

1. 『이제 내가 말하노니 그 상속자가 모든 것의 (   )이지만 어린아이 일 동안은 (   )과 다를 바 없으며』(갈 4:1).

2. 우리가 하나님을 『아바, 아버지』라 부를 수 있다는 것은, 이제는 우리가 더 이상 종이 아니라 (   )임을 보여 준다.

3. 갈라디아 교회들의 가장 큰 문제는, 그들이 하나님을 알게 되었고 그들 자신이 하나님께 알려졌음에도 불구하고, 본질상 신들이 아닌 것들에게 종 노릇을 하던 이전의 약하고 천한 (   ) 학문으로 다시 돌아가려는 데 있었다.

4. 좋은 일에 대한 (   )은 그것을 지켜보는 성도들을 분발케 한다.

5. 두 언약 중 하갈은 (   )이고, 자유로운 여자는 (   )이다.

6. 그리스도가 형성되는 것이 진정한 의미에서의 (   ) 충만이다.

■ 복습 문제의 정답은 홈페이지(www.solomonbtc.org)에서 확인할 수 있습니다.

NOTES

NOTES

제5과

육신의 일들 대 성령의 열매(5장)

『그러나 성령의 열매는 사랑과 기쁨과 화평과 오래 참음과 친절과 선함과 믿음과 온유와 절제니 그러한 것을 반대할 법이 없느니라』(갈 5:22,23).

자유 안에 굳게 서라(1-6절)

『그러므로 그리스도께서 우리를 자유케 하신 그 자유 안에 굳게 서서 다시는 종의 멍에를 메지 말라』(갈 5:1).

1. 그리스도인들에게 주어진 자유

그리스도인은 그리스도께서 그를 위해 주신 자유 안에서(롬 7:1-3) 굳게 서야 한다. 율법은 그가 의롭게 되는 것과 아무런 관련이 없기 때문에(4절) 율법 아래로 되돌아갈 필요가 없다. 율법에 의존하는 자들은 하나님의 은혜로부터 떨어져 나간 자들이다. 왜냐하면 일단 구원받기 위해 율법의 행위에 의지하기 시작하면 그는 모든 율법을 행해야만 하며(3절), 안식교가 가르치는 안식일과 십계명뿐 아니라 모든 계명들을 지켜야만 하기 때문이다. **그중 한 가지만 범해도 전체를 범한 것이 되는데(약 2:10,11), 이것을 감당할 수 있겠는가? 그래서 예수 그리스도께서는 구약 때에 범죄한 것들을 구속하시려고 죽으셔야 했다(히 9:15, 벧전 4:6, 엡 4:8,9)**.

『이런 연유로 그는 새 언약의 중보자이시니, 이는 첫 언약 때에 범죄한 것들을 구속하시려고 죽으심으로써 부르심을 받은 자들로 그 영원한 유업의 약속을 받게 하시려는 것이라』(히 9:15).

엄연히 하나님의 은혜의 복음이 제시되어 있는데도 할례를 받아서 의롭게 되려는 사람은 온 율법을 행할 의무가 있는 것이며(3절), **그런 사람은 하나님**

의 은혜와 완전히 무관한 사람, 곧 "잃어버린 자"인 것이다. 본문은 그리스도께서 아무 유익이 되지 못하는(2절), 아직 예수 그리스도를 영접하지 않은 갈라디아인들을 겨냥한 구절이다. 2절과 4절의 문맥은 분명 교회들 안의 구원받지 못한 자에게 쓴 것이다.

2. 율법 대 은혜

『율법으로 의롭게 된 너희는 누구든지 그리스도가 무용하게 되고 은혜로부터는 떨어져 나갔느니라.』(4절)라는 말씀은 하나님의 거듭난 자녀가 구원을 잃어버릴 수 있다는 뜻이 아니다. 예수 그리스도의 속죄는 보편적인 속죄이므로(벧후 2:1, 요일 2:2), 그 은혜를 거부하면 거기서 떨어져 나가게 된다. 율법으로 의롭게 되려 하는 사람들은 하나님의 은혜와는 완전히 무관한 사람들이 된다는 것이다.

3. 1-4절의『너희』와 5절의『우리』

"너희"는 율법의 행위로 스스로 의롭게 되려고 노력하는 자들이기 때문에 그리스도의 속죄와 값없이 주시는 구원의 유익을 얻을 수 없는 자들이다. 갈라디아의 교회들에 그런 자들이 섞여 있었다.

5절의 "우리"는 "성령을 통하여 믿음으로 말미암아 의의 소망을 기다리는" 사람들이기에, 성령님이 내주하시는 거듭난 그리스도인들을 말한다. 그리스도인들이 기다리는 "의의 소망"은 의롭게 되기를 바라는 것이 아니라, 우리의 의이신 예수 그리스도의 나타나심을 고대하는 "복된 소망"을 뜻한다(딛 2:13). 그것은 부활과 영생의 소망과(롬 8:10,11) 몸이 변화되는 휴거의 소망과(요일 3:1-3) 하늘에 쌓여 있는 소망과 관련이 있다(골 1:5).

『만일 그리스도께서 너희 안에 계시면 몸은 죄로 인하여 죽은 것이나 성령은 의로 인한 생명이니라. 예수를 죽은 자들로부터 살리신 분의 영이 너희 안에 거하시면 그리스도를 죽은 자들로부터 살리신 분이 너희 안에 거하시는 그분의 영으로 인하여 너희의 죽을 몸도 살리시리라』(롬 8:10,11).

누가 진리에 순종하지 못하도록 막더냐?(7-12절)

『너희가 잘 달려가고 있더니 누가 너희를 진리에 순종하지 못하도록 막더냐? 이러한 권면은 너희를 부르시는 이에게서 나온 것이 아니니라. 적은 누룩이 온 반죽을 부풀게 하느니라』(갈 5:7-9).

1. 믿음의 경주

그리스도인은 믿음의 경주에서 "달리는 사람"이며, 그 경주를 시작하시고 끝내신 예수 그리스도만을 바라보며 달려야 한다(히 12:1-2). 믿음의 경주자는 경주를 시작하기 전에 "모든 무거운 것들과 쉽게 에워싸는 죄"를 내려놓아야만 한다.

믿음의 경주자는 주변 사람들에게 잘 보이기 위해 달리지 않고 이기기 위해서 달린다(고전 9:24). 믿음의 경주는 언젠가 끝나게 되어 있다(딤후 4:4-8). 달리는 동안에는 반드시 "믿음"을 지켜야 한다. 이것은 거듭난 이후의 삶을 말하는 것이지, 성도가 구원을 받은 후에 구원을 유지하기 위한 행위를 말하는 것이 아니다.

2. 하나님께로부터 나오지 않은 권면(8절)

그리스도인에게 주어지는 어떤 권면은 우리를 부르신 하나님께로부터 나오지 않을 수도 있다(8절). 따라서 그리스도인은 모든 영을 다 믿지 말고 그 영들이 하나님께 속하였는지 시험해야만 한다(요일 4:1). 언제 어디에서나 그리스도인들을 속이는 무리가 있음을 잊지 말아야 한다.

3. 온 반죽을 부풀게 하는 적은 누룩(9절)

누룩은 처음에는 적게 시작했다가 전체로 퍼져 나간다. 처음에 할례로 스스로 의롭게 되고자 했다면, 율법의 행위는 거기서 멈추지 않고 레위기 11장으로 가서 음식에 관심을 두게 할 것이고, 그 뒤 레위기 23,25장으로 가서 유대인들의 절기들을 지키게 할 것이며, 그다음에는 레위기 10-16장에 있는 정결에 관한 율법을 지키게 할 것이다. "죄는 조금이라도 장려되면 이후 더 많은 것들을 요구하고, 결국 당신의 모든 것을 요구할 것이다."

하나님의 말씀은 빵으로 비유되기에(마 4:4), 성경 변개를 조금 허용했을 때 그 누룩의 작용으로 이후에는 걷잡을 수 없이 변개되어 가고, 결국 성경 전체가 변개되어 버린다.

4. 갈라디아 교회들의 혼란(10절)

바울은 갈라디아 교회들을 혼란시키는 자는 그가 누구든지 심판받을 것이라고 말한다(10절). **갈라디아인들은 심각한 혼란 가운데 있었다**. 어떤 자들이 그들의 믿음의 경주에 끼어들어 다른 복음으로(1:8) 이탈하게 하고 있었던 것이다.

믿음의 경주를 방해하는 것은 "**다른 복음**"뿐만이 아니다. "**돈**"이 경주를 방해하고(딤전 6:10), 때로는 "**세상적인 성공**"이 그리스도인들을 탈선하게 한다(딤후 4:10). "**가족**"이 갓 거듭난 그리스도인에게 사탄적인 비평과 제안, 충고, 조언을 함으로써 방해할 수 있고(마 10:36), 사랑하는 사람의 "**죽음**"이나 "**슬픔**," "**고통**," "**질병**," "**가난**" 등이 넘어지게 할 수 있다. 또한 "**결혼**"이 장애물이 되어 달려갈 길을 끝마치지 못하게 할 수도 있다(고전 7:32,33, 딤후 4:4-8).

■ 새롭게 깨달았거나 적용할 내용이 있다면 적어 보세요. ■

성령 안에서의 자유(13-18절)

『형제들아, 너희가 자유에로 부르심을 받았으니 그 자유를 육신을 위한 계기로 삼지 말고 사랑으로 서로 섬기라. 온 율법이 한마디 말, 즉 이 말로 이루어졌으니 "네 이웃을 네 자신과 같이 사랑하라."는 것이라』(갈 5:13,14).

1. 바울의 권면

율법의 종 노릇 하던 데서 벗어나 자유에로 부름을 받은 그리스도인은 그 자유를 육신을 위한 계기로 삼지 말고(19-21절) 사랑으로 서로 섬기라고(13,14절) 바울은 권면한다. 자유로운 사람이 자유의 특권을 남용하면, 그 사람은 자신이 위반한 것으로 인해 고통을 당할 것이고(고전 11:30), 때로는 죽기까지 할 것이다(롬 8:13).

『너희가 육신을 따라 살면 죽을 것이나 성령을 통하여 몸의 행실을 죽이면 살리라』(롬 8:13).

예레미야 7:9,10은 자유의 남용에 관한 최고의 주석이다. **『너희가 도둑질하고 살인하며 간음하고 거짓 맹세하며 바알에게 분향하고 너희가 알지 못하는 다른 신들을 좇아 행하면서 내 이름으로 일컬어지는 이 집에 와서, 내 앞에 서서 말하기를 "우리가 이 모든 가증한 것들을 행하도록 구원을 받았도다." 하느냐?』**(렘 7:9,10)

섬김의 동기로서 제시되는 "사랑"은(13절), 19-21절의 "육신의 일들"과 대조되는 "성령의 열매"(22,23절)의 첫 번째 항목으로서, 그리스도인의 모든 섬김에 있어서 핵심이 되는 요소이다. 본문처럼 이웃에 대한 사랑도 중요하지만(14절), 이 둘째 계명 이전에 첫째 계명으로 제시된 "하나님을 향한 사랑"을 빼놓아서는 안 된다(마 22:37-39).

섬김이 사랑으로 이뤄지지 않고 육신적인 경쟁이 된다면, 당사자들은 "서로 격분시키고 서로 시기하며 헛된 영광을 구하다가"(26절), 즉 서로 물어뜯고 삼키다가 공멸하고 말 것이다(15절).

2. 성령과 육신의 반목

서로 논쟁하고 싸우느라 시간만 낭비하며 자신의 간증을 잃어버리지 않으려면, "성령 안에서" 행해야 한다. 그러면 육신의 정욕을 이루지 않게 된다. 왜냐하면 육신은 성령을 거슬러 욕심을 부리고, 성령은 본질상 육신을 거스르기 때문에, 육신과 반목하는 성령 하나님께서 육신이 하고자 하는 것을 하지 못하게 하실 수 있기 때문이다(16,17절).

성령께서 성도 안에 내주하시는 것과 그 성도가 성령 안에서 행하는 것은 별개의 문제이다. **『그리스도께 속한 사람들은 육신을 그 욕정과 정욕과 함께 십자가에 못박았느니라. 만일 우리가 성령 안에서 산다면, 또한 성령 안에서 행하자』**(24,25절). 이러한 "**행함**"에는 성령을 따르고자 하는 그리스도인 자신의 적극적인 의지와 믿음이 요구된다.

그리스도인이 육신을 위해 일생을 허비하지 않는 유일한 방법은 "성령 안에서" 행하는 것이다. 육신을 따르게 되면, 성령의 인도를 받을 때 그분께서 주시는 자유를 향유하지 못하기 때문에 율법에 속박되어 그것의 종 노릇을 하게 된다(18절).

육신의 일들 vs 성령의 열매(19-26절)

1. 육신의 일들

『이제 육신의 일들은 분명히 나타나나니 곧 간음과 음행과 더러운 것과 음욕과 우상 숭배와 마술과 원수 맺음과 다툼과 질투와 분노와 투쟁과 분열과 이단들과 시기와 살인과 술 취함과 흥청거림과 또 그와 같은 것들이라. 내가 전에 말한 바와 같이 미리 말하노니 그런 짓들을 하는 자들은 하나님의 나라를 상속받지 못할 것이라』(갈 5:19-21).

육신의 옛 성품은 몸이 변화되는 휴거 때까지는 제거될 수 없기 때문에, 새 성품으로 옛 성품을 억눌러서 승리의 생활을 해야만 한다. 그리스도인은 성령의 능력 안에서 행할 때 육신의 지배를 받지 않게 된다. 사도 바울은 갈라디아인들에게 성령 안에서 행할 때와 육신 안에서 행할 때를 분별하는 데 도움을 주기 위해 상세한 "점검표"를 제시한다.

『간음과 음행과 더러운 것과 음욕』(19절) : 처음 네 가지는 육신의 성적인 문제와 관련 있는 죄들이며, 인간이 가장 쉽게 범할 수 있는 죄들이다. 일반적으로 "간음"을 혼인한 사람이 범하는 죄악이고, "음행"은 독신자가 범하는 죄라고 생각하지만, 성경은 **『누구든지 음행한 연고 외에 자기 아내를 버리고 다른 여자와 혼인하는 자는 간음하는 것』**이라고 말씀하시므로(마 19:9), 성경에서 "음행"은 어느 때나 그 행동 자체를 말하는 것이며(고전 6:18), "간음"은 혼인 계약을 깨뜨리는 것이나, 하나님으로부터 영적으로 타락하는 것 또는 눈으로 보면서 음욕을 품는 것(마 5:28)을 말하는 것이다. "음욕"은 사욕(골 3:5)으로부터 동성연애와 극단적인 성도착(레 20:16)에 이르기까지 모든 종류의 지나친 방종을 의미한다.

『**우상 숭배**』(20절) : 이것은 "**탐심**"으로도 정의되며(골 3:5), 당연히 이교도들의 우상 숭배도 포함된다(행 17:23).

『**마술**』(20절) : 이것은 요한계시록 9:21의 "마술"(sorceries)로서, "**조제술, 약학**"을 의미하는 헬라어 "**파르마케이아**"에서 유래했는데, 종교적인 의식으로 LSD(환각제), 헤로인, 마리화나, 아편 등의 마약을 사용하는 것을 포함한다.

『**원수 맺음과 다툼과 질투**』(20절) : 반목하는 성향과 성품들이다.

『**분노와 투쟁과 분열과 이단들**』(20절) : 감정의 흥분이나 싸움, 이미 확립된 권위에 대항하여 반역을 선동하는 것(특히 교회 안에서, 딤전 5:17), 계시된 진리의 말씀에 반대되는 신학(갈 5:1-4) 등을 따르는 것을 암시한다.

『**시기와 살인과 술취함과 흥청거림**』(21절) : "시기"는 많은 죄들을 일으키는 근원적인 죄이며, "살인"이 죄임을 모를 사람은 없다. "술취함과 흥청거림"은 현대 사회의 아주 보편적인 모습이며, 사람이 모이는 곳에서 항상 반복된다.

2. 하나님의 나라

본문의 "하나님의 나라"(21절)는 로마서 14:17에 있는 "하나님의 나라"와 같지 않다. 왜냐하면 로마서의 "하나님의 나라"는 이 시대에 사람이 거듭나서(요 3장) 들어가는 영적인 나라인 데 반해, 본문의 "하나님의 나라"는 천년왕국 때 상속받는 유업이기 때문이다.

본문의 "하나님의 나라"는 교회 시대에 수행한 신실한 섬김을 통해 얻게 된다(엡 5:5, 골 3:24). 사도행전 1:3의 "하나님의 나라"처럼 예수 그리스도께서 재림하실 때(눅 19:11-27) 왕국이 나타나는 것과 관련이 있는 것이다. 그리스도인이 구원은 취소되지 않지만, 이 하나님의 나라와 관련된 유업의 상속은 거부당할 수 있다(롬 8:17, 딤후 2:12). **예수 그리스도를 위한 성도 자신의 섬김이(골 3:24) 천년왕국에서의 유업을 결정한다(눅 19:17)**. 이것은 순수하게 자기 몸으로 하는 행위와 관련이 있다.

『그때 첫 번째 사람이 와서 말하기를 '주여, 주께서 주신 한 므나로 열 므나를 벌었나이다.'라고 하니 그에게 말하기를 '잘하였다, 착한 종아. 네가 아주 작은 일에 신실하였으니 열 성읍을 다스리는 권세를 가지라.'고 하더라』(눅 19:16,17).

3. 성령의 열매

『그러나 성령의 열매(the fruit of the Spirit)는 사랑과 기쁨과 화평과 오래 참음과 친절과 선함과 믿음과 온유와 절제니 그러한 것을 반대할 법이 없느니라』(갈 5:22,23).

우리가 거듭나기 전에는 우리의 육신이 지옥으로 가는 많은 일들을 했지만, 영이 거듭난 뒤로는 성령님께서 일하신다. 성령님께 맡겨 드리면 성령님께서 열매를 맺어 주시는데, 거듭난 새로운 생명이 성령 안에서 행할 때 성령의 "열매"가 맺히게 되는 것이다. **반면에 육신의 열매는 "사망"이다.** 『**그런즉 너희가 지금 부끄럽게 여기는 그 일들에서 그때에 무슨 열매를 얻었느냐? 그런 일들의 끝은 사망이니라**』(롬 6:21). 『**육신을 따르는 사람들은 육신의 일들을 생각하나 성령을 따르는 사람들은 성령의 일들을 생각하느니라. 육신적으로 생각하는 것은 사망이나 영적으로 생각하는 것은 생명과 화평이니라**』(롬 8:5,6). 곧 『**생명과 화평**』을 가져오는 모든 일이 성령의 일들이다. 여기서 『**생명**』은 "영원한 생명"을 의미하는 것이고, 『**화평**』은 "하나님과 화평"을 의미한다.

아홉 가지 성령의 열매(the fruit of the Spirit)는 하나이며, 성령의 열매를 구성하는 아홉 가지 중 처음 세 가지 『사랑과 기쁨과 화평』은 내적이고, 다음 세 가지 『오래 참음과 친절과 선함』은 외적이며, 마지막 세 가지 『믿음과 온유와 절제』는 하나님께 대한 것임을 주목해야 한다.

『사랑』은 예수 그리스도의 명령이다. 『**내가 새 계명을 너희에게 주노니 이는 너희가 서로 사랑하라는 것이라. 내가 너희를 사랑한 것같이 너희도 서로 사랑하라**』(요 13:34). 사랑은 섬김의 원동력이다(13절). 섬김의 원동력이 되는 『**사랑**』의 원천은 성령님에 의하여 우리 마음속에 부어진 『**하나님의 사랑**』이다. 또한 이 사랑은 예수 그리스도 안에서 우리가 가진 소망이 부끄럽지 않게 만들어 준다. 『**소망이 부끄럽지 않은 것은 우리에게 주신 성령에 의하여 하나님의 사랑이 우리 마음속에 부어졌기 때문이라**』(롬 5:5). 우리 마음속에 부어진 하나님의 사랑이 성령님을 통하여 역사할 때 "성령의 열매"를 맺을 수 있다. 이런 일들은 오직 "성령님의 인도하심에 순종함"으로써만 가능하다. 사랑이 없으면 아무것도 아니고, 아무 유익도 없다. 『**사랑이 없으면 나는 아무것도 아니요... 사랑이 없으면 내게 아무 유익이 없느니라**』(고전 13:2,3).

『기쁨』은 감사에서 온다. 성령 충만한 그리스도인은 모든 일에 감사하기 때문에 기뻐한다. 감사는 겸손에서 온다. 겸손하지 않은 사람은 자기가 가진 모든 것들을 당연하게 생각하고, 오히려 더 가져야 한다고 생각하기에 불만으로 가득 차서 감사할 수 없다. 그래서 겸손하지 않으면 감사할 수 없고, 감사하지 않기에 기쁨을 누릴 수 없는 것이다. 또한 참된 『**기쁨**』은 현재의 구원 안에서 기뻐하며(벧전 1:8), 혼이 구원받을 때 기뻐하고(눅 15:7), 다른 그리스도인들과 함께 기뻐하게 한다(롬 12:15). 『**주 안에서 항상 기뻐하라. 내가 다시 말하노니 기뻐하라**』(빌 4:4).

『화평』은 "하나님과의 올바른 관계에서 오는 내적인 평안"이다. 『**내가 너희에게 화평을 남겨 두나니 나의 화평을 너희에게 주노라. 내가 너희에게 주는**

것은 세상이 주는 것과 같지 아니하니, 너희는 마음에 근심하지 말고, 두려워 하지도 말라』(요 14:27). 『**그러므로 우리가 믿음으로 의롭게 되었으니 우리 주 예수 그리스도를 통하여 하나님과 화평을 갖느니라**』(롬 5:1). **"하나님과의 화평"이 흘러넘쳐 형제자매들과의 『화평』을 이루게 한다.** 『**화평의 띠 안에서 성령의 하나 됨을 지키도록 열심히 노력하라**』(엡 4:3). 더 나아가 **"하나님과의 화평"은 『화평』을 전파하는 사람이 되게 한다.** 『**파송되지 아니하였는데 어찌 전파하리요? 기록된 바와 같으니 "화평의 복음을 전하며 좋은 일들의 기쁜 소식을 가져오는 자들의 발이 얼마나 아름다운가!"라고 하였느니라**』(롬 10:15).

『**선함**』은 구원받은 사람이든지 받지않은 사람이든지 사람에 대한 외적인 행동 전부를 포괄하는 말이다(딤전 2:1,2, 살후 2:17, 딛 3:1, 벧전 3:16). 그리스도인은 개인적으로 사람을 대할 때 『**친절**』해야만 하며, 다른 사람과 관련해서 "**선**"을 행해야만 하고, 그들의 욕설과 냉담, 차별적 대우, 명예훼손, 박해, 비열한 행동에 대해 오래 참아야만 한다. 『**오래 참음**』은 하나님의 성품이다. 『**주께서 그의 앞을 지나시며 선포하시기를 "주로다. 자비롭고, 은혜로우며, 오래 참고, 선함과 진리가 풍성한 주 하나님이로다**』(출 34:6).

『믿음과 온유와 절제』는 주님을 향한 성도들의 자세를 보여 준다. 성도라면 하나님의 약속을 믿어야 하고(롬 4:20), 하나님의 섭리(롬 8:28)를 믿어야 한다. 또한 하나님과 하나님의 말씀에 『**온유**』한 자세로 나아가야 하고, 하나님으로부터 온 명령을 "**순종**"하여 받아들여야 한다. 『**온유**』란 "**성격, 태도 등이 온화하고 부드러움**"을 말한다. 하나님의 말씀에 대해 우리가 취할 올바른 자세는 『**주여, 말씀하소서. 주의 종이 듣나이다.**』(삼상 3:9)라고 하는 것이다. 『**절제**』는 자기 조절을 암시하며, 성령으로 충만한 모든 그리스도인이 "**썩지 않을 면류관**"을 받기 위해 반드시 유념해야 할 자세이다. 『**이기려고 애쓰는 사람은 누구나 모든 일에 자제하나니 이제 그들은 썩어질 면류관을 받으려 하지만 우리는 썩지 않을 면류관을 받고자 함이라**』(고전 9:25).

■ 그리스도인의 옷 ■

그리스도인은 그리스도로 옷입은 사람들이다. 『**너희 가운데 그리스도 안으로 침례를 받은 사람은 그리스도로 옷입었느니라**』(갈 3:27). "그리스도로 옷입은 사람들" 이 그 위에 입어야 할 옷이 더 있다. 그리스도인이 맺어야 할 성령의 열매가 아홉 가지 요소로 구성되어 있는 것처럼, 그리스도인이 입어야 할 옷은 다섯 가지 요소로 짜여져 있다. 『**그러므로 너희는 하나님의 택함을 받은 거룩하고 사랑받는 자로서 자비로운 마음과 친절과 마음의 겸손과 온유와 오래 참음으로 옷입으라**』(골 3:12). 이 옷은 그리스도께서도 입으신 옷이다.

4. 스스로를 십자가에 못박은 그리스도인(24-26절)

『**그리스도께 속한 사람들은 육신을 그 욕정과 정욕과 함께 십자가에 못박았느니라. 만일 우리가 성령 안에서 산다면 또한 성령 안에서 행하자. 서로 격분시키고 서로 시기함으로써 헛된 영광을 구하지 말자**』(갈 5:24-26).

그리스도인은 자신의 육신을 욕정과 정욕과 함께 십자가에 못박았다(24절). 이 못박힘은 성도 스스로가 자신에게 행하는 것이다. 갈라디아서 2:20의 예수 그리스도와의 연합은 하나님께서 친히 못박아 주신 것이지만(『**내가 그리스도와 함께 십자가에 못박혀 있으나**』), 본문은 성도 자신이 육신과의 싸움에서 승리하기 위해 자신을 못박는 것을 말한다. 이 일은 성도 자신이 죄에 죽은 것이라고 스스로 여김으로써(롬 6:11) 이루어진다.

십자가에 못박히는 것은 폭력적이고, 수치스럽고, 고통스럽고, 오래 끄는 죽음이다. 따라서 십자가에 못박힌 그리스도인의 생애에는 지속적인 고통이 따른다. "**십자가에 못박힌 생애**"는 평생 박해와 시련을 당하는 생애일 수도 있지만, 한 알의 밀이 땅에 떨어져 죽음으로써 많은 열매가 맺힌다는 진리는(요 12:24) 그렇게 성취될 수밖에 없다.

■ 온전한 상 ■

사도 바울은 『**성령의 열매**』를 말한 직후에 바로 『**육신**』의 문제를 해결하고 『**성령 안에서**』 행해야 함을 강조한다. 그리고 『**격분**』과 『**시기**』를 통해 『**헛된 영광**』을 구하지 말라고 말하며 『**성령의 열매**』라는 주제를 마무리하고 있다. 이것은 『**성령의 열매**』를 맺는 데 가장 방해되는 요소가 역시 『**육신**』임을 다시 한번 상기시키는 것이다. 『**너희 자신을 돌아보라. 이는 우리가 이루어 놓은 것들을 잃지 아니하고 온전한 상을 받으려는 것이라**』(요이 1:8).

■ 새롭게 깨달았거나 적용할 내용이 있다면 적어 보세요. ■

제5과
복습문제

1. 그리스도인은 그리스도께서 그를 위해 주신 (　　　　) 안에서 굳게 서야만 한다.

2. 적은 (　　　　　　)이 온 반죽을 부풀게 한다는 것은 죄가 처음에는 작게 시작했다가 종국에는 전체에 영향을 준다는 뜻이다.

3. 구원받은 그리스도인이 육신을 위해 일생을 허비하지 않는 유일한 방법은 (　　　　　　) 안에서 행하는 것이다.

4. 육신의 일들을 행하는 자들은 하나님의 나라를 (　　　　　　)받지 못한다.

5. 『만일 우리가 (　　　　　　) 안에서 산다면 또한 (　　　　　　) 안에서 행하자』(갈 5:25).

6. 『너희 자신을 돌아보라. 이는 우리가 이루어 놓은 것들을 잃지 아니하고 온전한 (　　　　)을 받으려는 것이라』(요이 1:8).

■ 복습 문제의 정답은 홈페이지(www.solomonbtc.org)에서 확인할 수 있습니다.

NOTES

NOTES

제6과

십자가 외에는 자랑할 것이 없는 그리스도인(6장)

『그러나 나에게는 우리 주 예수 그리스도의 십자가 외에는 결코 자랑할 것이 없나니 그로 인하여 세상이 나에게 십자가에 못박히고 나도 세상에게 그러하니라』(갈 6:14).

갈보리에 나타난 하나님의 사랑

구원받은 성도에게는 "갈보리 십자가"가 매우 중요하다. 약 2천 년 전 "갈보리"는 예루살렘 성문 바깥에 있는, 범죄자들을 사형에 처하는 장소였다. 그래서 갈보리는 "잘린 머리, 해골 무더기가 쌓인 곳"으로 불리는 "죽음의 장소"였다. 유대인들은 이곳을 "골고다," 곧 『해골의 곳[place of a skull]』(막 15:22)이라 불렀고, 로마인들은 "갈보리"라고 불렀다.

영적인 의미로 볼 때 갈보리는 "하나님의 의지"와 "인간의 의지"가 만나는 장소이다. 죄인인 인간을 구원하시기 위한 하나님의 의지와 예수 그리스도를 믿음으로써 구원받고자 하는 인간의 의지가 만나는 곳이다. 그래서 어떤 시인은 "예수님께서는 십자가에서 죽으셨을 때 한쪽에서는 아버지의 손을 붙잡으시고, 다른 한쪽에서는 죄인의 손을 붙잡으시며 이 둘을 합치시기 위해 절규하셨다."라고 말했다. 그리고 갈보리는 "하나님의 공의"와 "하나님의 자비"가 만난 장소이다. 예수님의 피를 통해 "죄의 삯은 사망"이라는 공의가 완전히 충족되었고, 죄인들을 향해서는 하나님의 자비가 내려진 것이다. 또한 이 갈보리는 하나님의 "영원한 저주"와 "영원한 사랑"이 동시에 부어진 장소이다. 왜냐하면 전 인류를 대신해서 예수 그리스도 한 분께 모든 저주와 진노가 쏟아졌고, 그 결과 죄인인 인간들에게는 그분의 죽음을 통해 하나님의 사랑이 나타났기 때문이다(롬 5:8).

하나님의 사랑에 대해 말하면서도 지옥에 대해 설교하지 않는 것은 진정한 사랑이라고 할 수 없듯이, 갈보리 십자가를 언급하지 않는 사랑 역시 진정한 사랑이라고 말할 수 없다. D.L. 무디는 "가장 효과적이고 지속적인 결과를 낳는 메시지는 십자가에서 그리스도를 통해 보여 주신 하나님의 사랑이다."라고 말했다. 주님의 사랑이 풍성하지 않았다면, 또한 그저 인간이 베푸는 사랑처럼 쉽게 고갈되는 것이었다면, 십자가의 죽음은 결코 완성될 수 없었다. 그러나 주님께서는 십자가에서 "다 이루었다."라고 말씀하시면서 마지막 숨을 거두신 것이다.

그리스도인들을 위한 지침들

1. 성숙한 그리스도인의 생활(1-10절)

"**영적인 그리스도인**"은 신중하게 기도하면서 "**잘못**[2]**을 범한 자들**"을 "**온유의 영**"으로 바로잡고, "**자기 자신을 돌아보아**" 똑같은 시험에 빠지지 않도록 주의해야 한다(1절).

---

2) "**잘못**"(fault)은 인간의 "**기본적인 성품이나 문제**"와 연관된 것으로서 "**죄**"(sin)나 "**허물**"(trespass)과 다르다(약 5:16). 구원받고 그리스도인이 되고 난 이후에도 여전히 남아 있는, 곧 그 이전부터 내면에 잠재해 있던 일종의 "**성질**"이나 "**기질**" 또는 "**성벽**"(性癖) 같은 것으로서, 그것을 내버려 두면 죄로 이어질 소지가 다분히 있는 내면적인 결함(흠)을 말한다(게으른 성향, 부실한 판단력, 사리 분별의 부족, 중독적인 취향, 특정 사람이나 상황에 대한 반응, 무례함, 무관심, 쉽게 불만을 터뜨림 등).

그리스도인들은 서로의 짐을 짐으로써 "그리스도의 법"("사랑의 법," 요 15:12)을 이루어야 한다(2절). 서로의 짐을 지기 위해서는 낮아져야 하는데, 낮은 위치에서 섬기는 자가 되어야 상대방의 짐을 질 수 있는 것이다. 또한 자기가 "무언가 되는 줄로" 생각해서는 안 된다(3절). 이런 사람들은 아무것도 아닌, 가장 미숙한 자들로서 "자신을 속이는 자들"이다.

그리스도인은 "자기 일"을 살피고(4절), "자신의 짐"을 져야 한다(5절). 다른 사람들의 일과 비교하면서 자기 일이 다른 사람들의 일보다 더 낫다고 판단하는 가운데 자신을 대단한 사람으로 여기면 안 된다(고후 10:12). 다른 사람들이 자기 일을 어떻게 생각할지에 대해 얽매이지 말고 상대적인 우월감에 빠지지 말아야 한다. 자기의 일도 처리하지 못하는 사람이 다른 사람의 짐을 지겠다고 하는 것만큼 불합리하고 우스운 일도 없다. 그리스도인은 먼저 자신의 의무를 다할 수 있어야 하고, 그런 다음 다른 지체들에게 필요한 것이 무엇인지 살펴야 한다.

말씀을 배우는 사람은 "가르치는 사람"과 함께 "모든 좋은 것들"을 나눠 가져야 한다(6절). **『그들은 진실로 기뻐하였으며 또한 저들에게 빚진 자니 이는 이방인들이 저들의 영적인 것에 참여하였으면 그들의 의무는 또한 물질적인 것으로 그들을 섬기는 것임이라』**(롬 15:27).

2. 추수의 법칙(7-10절)

그리스도인은 무엇을 심든지 그대로 거둔다는 진리를 유념해야 한다(7-10절). 추수에는 다음과 같이 8가지 법칙이 있다.

❶ 우리가 "심은 것"을 거둔다(7절).

❷ 우리가 "심은 방법에 따라" 거둔다(8절, 고후 9:6).

❸ 우리가 심은 때와 "다른 계절"에 거둔다(전 11:2-6).

❹ 우리가 "심은 것보다 많이" 거둔다(요 12:24).

❺ 우리는 "다른 사람이 심은 것"을 거둘 수도 있고(요 4:36,37), 우리가 심은 것을 "다른 사람이" 거둘 수도 있다(시 126:5).

❻ 우리가 끝까지 인내하기만 하면 선한 것을 풍성하게 거둘 수 있다(9절).

❼ 우리는 지난해의 수확에 관해 아무것도 할 수 없지만, 올해의 것에 대해서는 무언가를 할 수 있다.

❽ 심을 수 있을 때 심어야 하고, 추수 때가 왔을 때는 결단코 그 순간을 피할 수 없다(잠 22:8).

육신에 심는 자는 썩은 것을 거두고, 성령에 심는 자는 영생을 거두게 된다(8절). 이것은 심는 행위를 통해 구원받는다는 의미가 아니고, 믿음으로 구원받아 이미 영생을 소유한 성도들이 그 영생에 대한 즐거움을 충분히 누리게 되는 것을 의미한다(딤전 6:12,19). 또한 선을 행하다가 낙심하지 말아야 하며(9절), 기회가 닿는 대로 선을 행하되 특히 "믿음의 가족들"(엡 2:19, 딤전 3:15)에게 해야 한다(10절).

일꾼은 계속 심어야 한다. 물론 때때로 낙심하는 경우가 생길 수 있다. 이는 마귀가 항상 선을 행하는 것이 악을 행하는 것보다 더 지루한 일처럼 보이게 하기 때문이다. 또한 열매가 없어서 낙심하기도 하고, 오해를 받아서 난처한 상황이나 당황스러운 상황에 직면했을 때 낙심하기도 한다. 하지만 그렇다고 해서 인내로 기다리지 못한 채 육신적으로 그 문제들을 해결하려고 나서서는 안 된다. 하나님께서는 섭리로 인도하시는 분임을 확신하는 가운데 낙심하지 말고 기다려야 한다. 쓰러지지 아니하면 반드시 때가 되어 거두게 된다. 중요한 것은 쓰러지지 말아야 한다는 것이다. 쓰러지면 그 수확의 기쁨을 온전히 누리지 못할 것이기 때문이다.

3. 성숙한 그리스도인을 위한 마지막 권면(11-18절)

그리스도인은 "육신에 좋은 모양"(할례)을 내면서 "육산을 자랑하는 자"가 되어서는 안 된다(11-13절). 이들은 사람들에게 호감을 사려 하는 자들로서(갈 1:10), "좋은 게 좋은 것"이라는 식의 태도를 보이는 가운데 "그리스도의 십자가"로 인한 박해를 받지 않으려 한다.

그리스도인은 오직 "그리스도의 십자가"만 자랑해야 한다(14,15절, cf. 고전 1:31). "십자가를 전파하는 것"이 "하나님의 능력"(고전 1:18)이고 "하나님의 지혜"이다(고전 1:23,24). "그리스도 예수" 안에서는 할례나 무할례가 소용이 없고 새로운 피조물뿐이다(15절, 고후 5:17).

십자가에는 "네 가지 진리"가 담겨 있다. ❶ 예수 그리스도께서는 과거에 십자가에 못박히셨다. ❷ 구원받은 성도는 현재 예수 그리스도와 함께 십자가에 못박혀 있다(갈 2:20). ❸ 세상은 성도에게 십자가에 못박히는데, 이는 세상이 죽었고 하나님의 진노 아래 놓여 있기 때문이다. ❹ 구원받은 성도도 세상에게 십자가에 못박히는데, 이는 세상과의 관계가 끊어졌고, 세상을 사랑하는 자들에게 그는 사망에 이르는 사망의 향기이기 때문이다.

그리스도인은 "주 예수의 표들"을 지녀야 한다(16-18절). "주 예수의 표들"은 고린도후서 11:23-28에 나오는 매 맞은 것, 몽둥이로 맞은 것 등을 의미한다. 주님께서 몸에 채찍을 맞으시고 못박히신 흔적처럼, 바울 역시 십자가를 전파하다가 받은 "실제적인 표들"을 그 몸에 지니고 있었던 것이다.

인도 캘커타(Calcutta)의 82세가 넘은 한 노인이 어떤 설교자가 전한 복음을 믿고 구원을 받았다. 그 모습을 지켜본 한 힌두교도가 그 노인에게 물었다. "당신이 지금까지 믿어 왔던 인도의 수많은 신들에 만족할 수 없었나요?" 이 질문에 노인은 이렇게 답변했다. "네, 맞습니다. 그 수많은 신들 가운데 나를 위해 죽은 신은 아무도 없었으니까요."

성경은 우리에게 『믿음의 창시자요 완성자이신 예수를 바라보자. 그는 자기 앞에 놓인 즐거움을 위하여 십자가를 견디시고 수치를 개의치 아니하시더니 하나님의 보좌 오른편에 앉으셨느니라.』(히 12:2)라고 말씀한다. 예수님께서는 조롱과 핍박, 시련과 고통과 죽음, 치열한 영적 전쟁의 장소였던 갈보리 십자가로 나아가셨을 때 인류의 구속을 위한 분명한 목적과 계획 그리고 풍성한 사랑과 인내를 갖고 계셨다. 그 풍성한 사랑이 있었기에 오늘날 우리가 그 사랑을 누리며 살고 있는 것이다. 이 사실을 잘 알고 있다면 우리 역시 갈보리 십자가를 사랑해야 한다.

19세기 말 윌리엄 다우드 목사는 "우리의 모든 죄를 속하시고 진정한 자유를 주신 예수님께서 십자가에 돌아가신 갈보리는 보배로운 갈보리이다."라고 고백했다. 화니 크로스비는 "갈보리 십자가는 무한한 영광이다."라고 찬양했고, 20세기 초 프레드릭 레흐만 목사는 "갈보리 십자가를 통해 나타난 하나님의 사랑은 하늘을 두루마리 삼고 바다를 먹물 삼아도 다 기록할 수 없는 사랑이다."라고 노래했다. 이러한 사랑을 받았고 경험했으며, 또한 누리고 있다면 당연히 십자가를 사랑해야 한다. 십자가를 사랑한다면 십자가를 바라보고, 십자가를 짊어지고, 십자가를 전파할 수 있어야 한다. 이런 자세를 견지하지 않는다면 우리는 또다시 과거 비참한 인생으로 우리를 끌고 갔던 죄악 속으로 휩쓸리게 될 것이다. 최후 승리를 얻을 때까지, 또는 빛난 면류관을 받을 그날이 올 때까지 험한 주의 십자가를 사랑하고 붙들어야 하는 것이다.

제6과 복습문제

1. 『형제들아, 어떤 사람이 무슨 ( )을 범하였으면 영적인 너희는 ( )의 영으로 그런 자를 바로잡고 네 자신을 돌아보아 너도 시험을 받지 아니하도록 하라』(갈 6:1).

2. 『너희는 서로의 ( )을 지라. 그리하여 ( )의 법을 이루라』(갈 6:2).

3. 『만일 어떤 사람이 아무것도 아니면서 무언가 되는 줄로 생각하면 그 사람은 자신을 ( ) 것이라』(갈 6:3).

4. 『말씀을 배우는 사람은 ( ) 사람과 더불어 모든 좋은 것들을 나눠 가져야 할 것이라』(갈 6:6).

5. 『그러나 나에게는 우리 주 예수 그리스도의 ( ) 외에는 결코 자랑할 것이 없나니 그로 인하여 세상이 나에게 ( )에 못박히고 나도 세상에 그러하니라』(갈 6:14).

■ 복습 문제의 정답은 홈페이지(www.solomonbtc.org)에서 확인할 수 있습니다.

NOTES

NOTES

복습 문제 정답

제1과

1. 하나님의 은혜의 복음
2. X
3. X
4. 구원
5. 다른 복음
6. O

제2과

1. X
2. 할례
3. X
4. X

제3과

1. O
2. X
3. O
4. X
5. 믿음

제4과

1. 주인, 종
2. 하나님의 자녀
3. 초등
4. 열성
5. 구약, 신약
6. 성령

제5과

1. 자유
2. 누룩
3. 성령
4. 상속
5. 성령, 성령
6. 상

제6과

1. 잘못, 온유
2. 짐, 그리스도
3. 속이는
4. 가르치는
5. 십자가, 십자가

< 추 천 도 서 >

갈라디아서

피터 S. 럭크만 지음 / 192쪽
4,900원 (eBook 3,900원)

갈라디아서는 휴거 때까지 우리들이 믿고 가르쳐야 할 구원의 올바른 기독교 교리들이 담고 있다. 본서를 공부하면 구원에 관한 한, 흔들리지 않는 확고한 기준 신학을 정립할 수 있다.

열린 성경 닫힌 마음

이송오 목사 지음 / 216쪽
7,000원 (eBook 4,900원)

이 책은 성경에 대해 닫혀 있는 눈과 마음을 뜨게 해 주어, 성경을 왜 나누어서 공부해야 하고 어떻게 나누어 볼 수 있는지 알게 해 주며, 궁극적으로는 진리와 오류를 분별할 수 있도록 해 준다.

세대적 진리

클라렌스 라킨 지음 / 265×322 양장
322쪽 / 32,000원

이 책은 세대주의 연구의 기초가 되는 책으로 클라렌스 라킨의 역작이며, 성경을 연구하는 모든 그리스도인들의 필독서이다. 이 책을 펼쳐 드는 순간 성경 전체의 예언을 꿰뚫는 거대한 스케일의 성경 연구가 시작된다.

구원의 영원한 보장

피터 S. 럭크만 지음 / 96쪽
2,300원 (eBook 1,900원)

이 책은 한번 받은 구원은 영원히 보장된다는 교리를 설명한다. 인간의 구원을 다루시는 하나님의 방법은 시대마다 다르다. 이 책은 구원에 관한 많은 잘못된 교리를 바로잡아 준다.

■ 서울솔로몬학교 성경연수원 ■

『네가 진리의 말씀을 올바로 나누어 자신이 하나님 앞에 부끄럽지 않은 일꾼으로 인정받도록 공부하라』(디모데후서 2:15). 오늘날 하나님께서 원하시는 일꾼이 제대로 길러지지 않는 이유는 성경을 공부하지 않기 때문입니다. 본 연수원은 이 나라 교회들이 복음도 제대로 전하지 않고 성경도 체계적으로 가르치지 않는 것을 보고서 하나님의 유능한 인재를 양성하기 위해 아래의 교육과정을 개설했습니다.

▶ 〈킹제임스성경신학교〉 교수진의 정선된 강의와 수준 높은 성경공부 교재로 성경을 쉽고 정확하게 배울 수 있습니다.

▶ 본 과정을 이수하면 수료증이 수여되고 〈킹제임스성경신학교〉 2학년으로 편입할 수 있습니다.

1. 모집 대상 : 성경을 공부하기 원하는 남녀노소
2. 교육 기간 : 1박 2일(합숙 가능, 금요일 오후 7시 입소, 토요일 오후 4시 퇴소),
   1일 특강(토요일 오전 10시 입소, 오후 4시 퇴소)
3. 참 가 비 : 8만 원(교재 및 숙식비 포함)
4. 교육 과정

1) 단기 성경연수 과정(1박 2일, 1일 특강)

요한계시록 로마서 마태복음 요한복음 다니엘
사도행전 히브리서 야고보서 베드로전후서 에스겔
갈라디아서 에베소서 빌립보서 골로새서 이사야
고린도전후서 목회서신 창세기 출애굽기 소선지서
데살로니가전후서 여호수아 재판관기 사무엘상하 열왕기상하
성경의 비유들 세대주의 이단연구 적그리스도 이스라엘

2) 주일학교 성경교사 자격증반(1박 2일, 매월 1회 총 12주 과정)
3) 한글킹제임스성경 통독교실(1박 2일)
4) 크리스찬 청소년 리더십 캠프(2박 3일)
5) 크리스찬 청소년 음악 캠프(2박 3일)

※ 각 과정 별로 구령하는 방법을 1시간씩 교육합니다.

www.solomonbtc.org

강화도에 위치한 본 연수원은 동쪽으로는 바다, 서쪽으로는 길상산, 북쪽으로는 호수와 넓은 들이 펼쳐져 있는 최상의 휴식처로서, 등산, 낚시, 트레킹을 할 수 있고, 일천 그루의 잣나무 숲에서 성경을 공부하고 기도하며 쉴 수 있는 최적의 환경입니다. 남녀 생활관에서 합숙이 가능하며, 가족 동반 시 게스트하우스(콘도형 빌라)를 이용할 수 있습니다. 초지대교에서 좌회전 후 4분 거리에 있으며, 지하철 5호선 방화역에서 셔틀 차량이 운행됩니다. 인천광역시 강화군 길상면 장흥로 29-6 / (02) 2665-3743

솔로몬 성경공부 시리즈

갈라디아서

하나님의 은혜와 성도의 믿음

초판1쇄 2023년 5월 25일
초판2쇄 2023년 7월 10일
지 은 이 / 편 집 부
발 행 인 / 박 승 용
발 행 처 / 말씀보존학회
출판등록 / 제409-2022-000036호
주 소 / 서울 강서우체국 사서함 제90호
전 화 / (02) 2665 - 3743
팩 스 / (02) 2665 - 3302
인 터 넷 / www.biblemaster.co.kr
판권소유 / 말씀보존학회

잘못된 책은 바꿔 드립니다.

값 10,000 원